算数の指導事例集

① 1・2年生

― 基礎学力を確実にし、高次の学力を伸ばす ―

WEB ワークシート・指導案付き

総編集　片桐重男

みんなにスマイル。
教育同人社

はじめに

　誰でも、できるだけ充実した授業をしたいと思う。その授業は、もちろん基礎学力を確実に身に付けさせるものでなくてはならない。それとともに、より発展的に考える高次の学力を身に付けさせるものでありたい。そのために、いろいろ工夫し研究しているであろう。その際役に立つのが、事例集であろう。それもできるだけ、算数教育の理論を踏まえた、基礎学力を確実にするとともに、問題を自ら見いだしたり、よりよい解を見つけたりするような発展的な考えをする高次の学力を育てる、利用範囲の広い事例がのぞましい。このようなことを踏まえて、この度確かな理論を踏まえた、そして児童の活動をできるだけ十分に考えた事例集を出すことにした。

　東京、横浜、川崎の研究会および新潟、広島、愛媛の研究熱心な方々に、事例集の趣旨、強調点を十分踏まえてもらいながら、日ごろの実践の成果をできるだけ生かした執筆をお願いした。

　第1巻（1，2学年）、第2巻（3，4学年）、第3巻（5，6学年）の3冊からなるものであるが、このシリーズは、序論に述べているような理論的側面を踏まえながら、14ページにある「指導事例の構成の特徴」「Webを利用する」にあるような、これまでの事例集にみられない新しい試みを取り入れている。

　先ずこの特徴をとらえていただき、その上で、それを受けて、各巻の第1部および第2部の第1章にある各学年の代表的事例を見ていただき、本書の事例の書き方の特徴をとらえてください。これらを踏まえて、第2章の事例を読み、活用してください。

総編集　片桐重男

目次

はじめに　総編集　片桐重男 ………………………………………………………… 3
目次 …………………………………………………………………………………… 4

序論　学力を高める内容・考え方の重点とその指導　　　　　　　　　7

第1章　指導事例の重要性と限界
第2章　目標となる学力とは何か
第3章　数学的な考え方
第4章　指導内容の体系化と指導法の基本的原則
第5章　指導事例の構成と特徴
第6章　webサイトの資料について

第1部　第1学年の指導事例　　　　　　　　　　　　　　　　　　15

第1章　第1学年の望ましい指導案と指導事例
　3つの数のたし算の式 WEB　　　　D 数量関係　深見　眞一 ……… 16

第2章　第1学年の基礎学力および高次の学力を育てる指導事例
　第1節　くらべよう WEB　　　　　　A 数と計算　小野　加奈子 …… 22
　第2節　いくつといくつ　　　　　　　A 数と計算　大野　寛子 …… 26
　第3節　10より大きい数 WEB　　　　A 数と計算　柚木　圭太 …… 30
　第4節　たし算の式　　　　　　　　　A 数と計算　稲垣　光浩 …… 34
　第5節　どんな数を使えばいいのかな WEB　A 数と計算　折田　和宙 …… 38
　第6節　順序数のたし算とひき算　　　A 数と計算　大坂　睦 ……… 42
　第7節　0のたし算 WEB　　　　　　　A 数と計算　門田　剛和 …… 46
　第8節　かさくらべ　　　　　　　　　B 量と測定　永井　宏 ……… 50
　第9節　時計のしくみと時刻 WEB　　　B 量と測定　柚木　圭太 …… 54
　第10節　かたちづくり　　　　　　　　C 図形　　　山浦　光沙 …… 58
　第11節　立体図形の仲間分け　　　　　C 図形　　　恩田　繁樹 …… 62
　第12節　工夫して数えよう WEB　　　　D 数量関係　近藤　牧子 …… 66
　第13節　順序数のたし算　　　　　　　D 数量関係　初山　和仁 …… 70
　第14節　たし算カード WEB　　　　　　発展　　　　深見　眞一 …… 74
　第15節　数表の数の並び方 WEB　　　　発展　　　　古林　香苗 …… 78
　第16節　抜けている数を見つける方法 WEB　発展　　吾郷　良子 …… 82

第2部　第2学年の指導事例　　　　　　　　　　　　87

第1章　第2学年の望ましい指導案と指導事例
「たし算（ひき算）の筆算」　　　　A 数と計算　向山　宣義 ……… 88

第2章　第2学年の基礎学力および高次の学力を育てる指導事例
第1節　分数（$\frac{1}{2}$）　　　　　　A 数と計算　源　憲一 ……… 94
第2節　100をこえる数　　　　　A 数と計算　石本 加菜子 ……… 98
第3節　3位数の大小比較　　　　A 数と計算　藤代　千哉 ……… 102
第4節　2位数のたし算　　　　　A 数と計算　黒岩　朋宏 ……… 106
第5節　かけ算の意味と式　　　　A 数と計算　清野　佳子 ……… 110
第6節　かけ算九九を作る　　　　A 数と計算　諸戸　加織 ……… 114
第7節　長さの単位 WEB　　　　B 量と測定　阿比留 志乃 ……… 118
第8節　かさの単位　　　　　　　B 量と測定　南條 真由子 ……… 122
第9節　三角形と四角形 WEB　　　C 図形　　向山　宣義 ……… 126
第10節　箱の形づくり　　　　　　C 図形　　福島　幸子 ……… 130
第11節　三角形づくり　　　　　　C 図形　　奥村　利香 ……… 134
第12節　正方形や長方形の$\frac{1}{2}$　　C 図形　　渋谷　順三 ……… 138
第13節　どんな式になるかな？　　D 数量関係　林　なおみ ……… 142
第14節　九九表のどこに入る？ WEB　発展　　髙山　保子 ……… 146
第15節　不思議なひき算 WEB　　　発展　　工藤　慎也 ……… 150
第16節　問題とあう式は？ WEB　　発展　　橋本　忠明 ……… 154

WEB資料　ダウンロードのやり方 ……… 158

著者一覧 ……… 159

参考資料 ……… 160

> **WEB マークについて**
> このマークのある事例は、実際に授業を行う際に直接使える資料、図、絵、ワークシート、指導案などがwebサイトにあります。詳しくは158ページをご覧ください。

序論

学力を高める内容・考え方の重点とその指導

序論 学力を高める内容・考え方の重点とその指導

第1章　指導事例の重要性と限界

　教育、特に教科教育は、指導の対象である児童生徒の学力を伸ばすことがねらいである。そのために教育の目標、指導内容、指導法、評価について、これを支える理論・原理を明確に構築することが重要である。
　しかし、この理論を持ち、主張するだけでは、教科教育としては不十分である。教科教育は児童生徒の学力を伸ばすことがねらいであるから、この理論に基づいた実際の指導の進め方、指導事例を示さなくてはならない。
　逆に、ある人が、工夫した授業や指導事例を示しても、それが、確実な理論の裏付けの無いものであったら、思い付きの域を出ないものとなる。理論とその裏付けとなる実践的事例が大切である。
　この理論的な面についてここで簡単にまとめておこう。

第2章　目標となる学力とはなにか

　「学力を伸ばすこと」が、教育の目標といってもよい。では、その「学力とはなんだろう」「学力を上げるにはどうしたらいいだろう」という実際の問題になると、必ずしもはっきりしていない。
　例えば、「形式計算をできるようにすれば、学力が上がる」と考えていた者もいる。「形式計算が正しくできるようになる力は、学力」であり、この力をつけることは大切であるが、しかしそれは、「計算」に関係する学力の一部に過ぎないのである。
　「計算」では
１．形式計算をする力を育てる
　これ以外にどんな学力があるのだろう。
　計算は、問題があって、その解決のためにするのである。
　それをするためには、まず演算の意味を明確にし、これに基づいてどんな数についてのどんな演算をしたらよいかを決定しなくてはならない。
２．演算決定の力を育てる
　だから、演算決定の力が大きな学力である。これは問題解決のために、自らがどのような行動を起こしたらよいかを決定する自主的な活動である。これに基づいて初めて、種々の知識や能力が発揮されるのである。
　この２つの事は、計算についてだけでなく、どの領域についても全く同様である。
　そして、このときには、まず問題の意味内容を明確に捉えよう（問題の意味の明確化）。それをわかりやすく表そう（表現の工夫）。演算などの意味に基づいて、演算決定をしよう（意味に基づいて考えよう）。演算が決定できたら、なるべく形式的に、ないしは能率的に計算しようと考える（アルゴリズムの考え、思考労力の節約）。だからこの２つの力がよりよく行われるには、その基にこのような考え方ができることが大切である。この考え方とは、上のカッコに示したような、数学的な考え方である。
３．さらに、この問題の解決にとどまらず、その解決の仕方を見直して異なる解決の仕方を見いだしたり、よりよい解決の仕方を見いだしたりする（主に発展的な考え方）。またこの問題の条件を少し変えることによって、新しい問題を見つけるといったような、発展的な考え方を実行する力が大切である。

さらに、解決したいろいろな問題や、解決の仕方を見直して、それらの類似点に着目して、これらを統合していこうと考えることである（統合的な考え方）。
4．さらに進んで、全く新しい問題を見いだしたり、新しい解法を見いだしたら、それらを発展的統合的に処理するという、創造的な活動ができるようなることを目指したい。

このようなことから、学力というのは、次のような段階のあるものと考えるのがよい。

学力の段階

1 基礎的な知識と技能を身に付け、簡単な形式的な場合にこれが使える。そして知識や技能を理解し、それに基づいて形式的な仕事に、これが使える。
（基礎的な知識・技能の理解と適用の力）
※上の例の計算領域でいうと、形式計算を理解し、正しくできる力

2 それぞれの知識や技能のよさを理解し、具体的な問題解決に、これらを選択判断し、適切に使用できる。　（基本的判断・行動の決定と活用の力）
※計算領域でいうと、問題解決に正しく演算決定し、立式できる力

3 条件を変えたり、場面を抽象化したりして、新しい問題を形成したり、その問題を解決できる。そしてその問題や解を一般化しようとする。
（問題やその解決を発展・統合する力）
4 創造的発見的に問題を作ったり、これを解決したりできる。　（発見・創造する力）

そして、上の考察でもわかるように、この各段階で、数学的な考え方が重要な働きをするのである。

また、もうひとつの学力の捉え方がある。
それは、指導要録の評価の観点に挙げられている次の4つである。

「関心、意欲、態度」「数学的な考え方」「技能」「知識・理解」

これは、学力には4つの内容があることを示している。そこで、この2つのとらえ方を縦軸、横軸として掛け合わせてみていくのがよいのである。

第3章　数学的な考え方

「数学的な考え方」とは具体的にどういうものかを明確に把握しておくことが大切である。この「数学的な考え方」については、本章末に挙げている拙著に繰り返し詳述しているが、ここでは、数学的な考え方の内容項目を挙げておくこととする。それは、次のように、ⅠからⅢの3つのカテゴリーに分けられる。

学力を高める内容・考え方の重点とその指導

Ⅰ 数学的な態度
1. 自ら進んで自己の問題や目的・内容を明確に把握しようとする
   ①疑問をもとうとする
   ②問題意識をもとうとする
   ③事象の中から数学的な問題を見つけようとする
2. 筋道の立った行動をしようとする
   ①目的にあった行動をしようとする
   ②見通しを立てようとする
   ③使える資料や既習事項、仮定に基づいて考えようとする
3. 内容を簡潔明確に表現しようとする
   ①問題や結果を簡潔明確に記録したり、伝えたりしようとする
   ②分類整理して表そうとする
4. よりよいものを求めようとする
   ①思考を対象的（具体的）思考から、操作的（抽象的）思考に高めようとする
   ②自他の思考とその結果を評価し、より洗練しようとする
   ③思考労力を節約しようとする

Ⅱ 数学の方法に関係した数学的な考え方
1. 帰納的な考え方
   幾つかのデータを集めようと努め、それらのデータの間に共通にみられるルールや性質を見いだそうと努める考え方
2. 類推的な考え方
   ある事柄Aについて、それと似ているものを思い出して、それと同様なことがいえるのではないかというように考える
3. 演繹的な考え方
   あることが、いつでも言えるということを主張するために、すでに分かっていることを基にして、その正しいことを説明しようとする考え方
4. 統合的な考え方――拡張的な考え方を含む
   多くの事柄を本質的な共通性を抽象し、それによって同じものとしてまとめていこうとする考え方
5. 発展的な考え方
   1つのことが得られても、さらによりよい方法を求めたり、これを基にして、より一般的な、より新しいものを発見していこうとする考え方
6. 抽象化の考え方
   これには、抽象化、具体化、理想化、条件の明確化の考え方がある
7. 単純化の考え方
   簡単な基本的な場合に直して考えてみようとする考え方
8. 一般化の考え方
   ある概念や方法の適用範囲を広げていこうとする考え方
9. 特殊化の考え方
   特別な場合やより小さい集合について考えようとする考え方
10. 記号化の考え方
    記号に表したり、これをよんだりしていこうとする考え方
11. 数量化、図形化の考え方

適切な量を選択したり、それを数であらわそうとする考え方が数量化の考え方。
また、数的な事柄や関係を、図形やその関係に置き換えようというのが、図形化の考え方。

Ⅲ 数学の内容に関係した数学的な考え方

1. 集合の考え
   考察の対象の集まりや、それに入らないものを明確にしたり、その集まりに入るかどうかの条件を明確にする
2. 単位の考え
   構成要素（単位）の大きさや関係に着目する
3. 表現の考え
   表現の基本原理に基づいて考えようとする
4. 操作の考え
   ものや操作の言味を明らかにしたり、広げたり、それに基づいて考えようとする
5. アルゴリズムの考え
   操作の仕方を形式化しようとする
6. 概括的把握の考え
   ものや操作の方法を大づかみにとらえたり、その結果を用いようとする
7. 基本的性質の考え
   基木的法則や性質に着目し、用いていこうとする
8. 関数的な考え
   何を決めれば、何が決まるかということに着目したり、変数間の対応のルールを見つけたりたり、用いたりしようとする
9. 式についての考え
   事柄や関係を式に表したり、式をよもうとする

（片桐著「数学的な考え方の具体化と指導」「算数教育学概論」より参照）

第4章 指導内容の体系化と指導法の基本的原則

Ⅰ 指導内容の体系化について

1. 基礎的な経験
    算数のどの内容を学ぶときにも、その前提としてそれを考えるための基になる経験がある。このようなものがなかったら、考えようがないのである。そこで、第一の仕事は、子供たちが算数の時間以前にどのようなことを経験していると見なしてよいかを捉えることである。この経験が算数学習の出発点となる基礎的な経験である。
2. 種々の概念とその意味
    次に、算数では、約束としてきちんと決められているものと、見いだしたり、説明できるものとがある。
    そこで約束する概念（用語、記号）が何かを、各指導内容ごとに明らかすることが必要であり、これはもちろん教えることである。
    それとともに、子供たちに考えさせ、見付けさせ、説明させていくものが何であり、それらをつ

序論　学力を高める内容・考え方の重点とその指導

かむためにどのように考えることが大切かを明らかにしていかなくてはならない。
　その考え方は、常に演繹的ということではない。帰納的に、類推的に発見させることが多い。大事なことは、何かを見いだしたり、演繹的に説明するときには、上述の基礎的な経験や定義に当たるものと共に、すでに見いだした性質や法則（きまり）を使っていくのである。
　以上のように基礎的な経験、既習の内容からどのように新しいことが導びかれるか、その時のような考え方が使われるか、さらにどのようなことは教えなくてはならないかを、明らかにしていく事が、体系化である。

Ⅱ 体系構成に基づく指導法の原則

　上で述べたことから分かるように、算数の内容を学習したり、問題を考えていくには次の4つのことが原則となる。

1．分かっていること
　　役立つ基礎的な経験や既習事項が何であるかを、できるだけしっかり捉え、これを生かすようにする

2．考えること
　　これを使ってどのように考えるか。　その考え方を明らかに意識し、使っていくこと

3．わかったこと
　　このように考えることによって、見いだせたこと、説明できたことを明らかにする

4．教わること
　　もちろん常に考えて得られることばかりではない。用語の意味や筆算の形式など、新しく教えなくてはならないことがある。子供たちが、それを学ぶ必要を持つようにして、意欲的に学ばせるようにする。

　これらのことを常に基本的な原則として、指導法を考えていかなくてならない。

Ⅲ 人間愛に基づく指導法

　望ましい指導法の根本は、常に児童一人ひとりの向上を願った行動であって、児童一人ひとりの考えをできるだけ正しく捉え、その考えを生かし、より良いものにしていこうということである。
　だから授業では、まず指導者がある質問をしたり、ヒントを与えたりする。それに対して児童がある反応をする。児童は何人もいるので、いろいろな反応が出るであろう。それらの反応を正しく捉えなくてはならない。そして、「この子はこういうふうに考えたのだろう。」とか「この程度の理解をしているのだろう」といった推測判断をする。即ち、評価をする。その評価を受けて、次の指導の調整をする。そしてその調整に応じて、次の指導がなされていく。授業はこのような過程が適切に繰り返されるのが望ましいのである。
　　　即ち、授業は

指導 ▶▶▶ （反応）反応の把握 ▶▶▶ 評価 ▶▶▶ 調整 ▶▶▶ 指導

というサイクルになっている。このサイクルが、1時間の授業で何回も行われる。そして、そのとき行われる評価が、評価の中で最も重要な評価で、これを「指導の過程における評価」という。
　そして、このような指導では、児童に意欲をもたせ、児童の考え、活動を的確にとらえ、これを生かし、これをより高次のものに導き助けていくのであるから、この望ましい指導法は、「人間愛に基づく指導法」といってよい。
　この「人間愛に基づく指導法」という言葉は耳新しいかもしれないので、ちょっと解説しておこう。
　望ましい指導の根本は、前述の通り、常に児童一人ひとりの向上を願った行動であって、児童一人ひ

学力を高める内容・考え方の重点とその指導

とりの考えをできるだけ正しく捉え、その考えを生かし、よりよいものにしていこうということである。この、「よりよいもの」というのは言うまでもなく、数学的な考え方をよりよく身に付け、これを生かして、色々な数学的知識や技能のよさを知り、これを身に付け、使えるようにしていくことである。そしてさらにそれらを活用して、より高次の問題解決ができるようにすることである。そのような力をつけるために、できるだけ個々の考えを生かし、これをより高次のものにしていくように、伸ばしていくということである。ここでは、これを子供たちに対する「人間愛に基づく指導法」とよんだのである。

例えば、1年生の担任は、入学式のときに新しいクラスの子供たちに逢うまでは、その子供たちは全く知らない子供たちであった。そして、その子供たちの担任になると決まったときから、そのクラスの一人ひとりの児童をできるだけよく理解し、その考え、行動を生かして、それをよりよいものに伸ばしていこうと、全力をあげて、尽くそうと心がけるのである。

そして、これは特定の子供に対してではなく、「担任とそのクラスの子」という関係のできたすべての児童のために、尽くすのである。これはいうまでもなく、1年の担任だけのことではない。どの学年、どの教科の担任でも、全く同じである。

だからこのときの先生方の指導の姿は、

「人間愛に基づく教育・指導」

というのが最もふさわしいであろう。

ところが、その実践、実行の段になると、いろいろ問題が出てくる。

「人間愛に基づいた指導をしよう」と考えているのであろうが、その実がそうはなっていないということが見られるのである。ときには、ある児童の行動を無視して授業をしたりして、もう少し児童の反応をきちんと捉えてやればいいのにとか、もっと児童の考えを生かす指導を工夫する必要があったのに、ということが見られるのである。

一方、児童の世話をやき過ぎる、教え過ぎる、そのためにかえって児童の考えを生かさなくしてしまうということがある。

さらに、本当に児童のことを考えるなら、児童一人ひとりが常に少しでもより高次の学力を身に付けていけるように努めなくてはならないのに、この点が不十分であるということが見られる。

マザー・テレサらは、「愛の反対は憎しみではなく、無関心です」と言っている。

確かに、教育の場合にも、「人間愛に基づいた教育」の反対は、「無関心」である。そして、さらに指導の場では、これに加えて「人間愛」のもう一方の反対として、「過保護」がある。即ち、人間愛に対して、無視と過保護の2つの方向の反対が見られる。

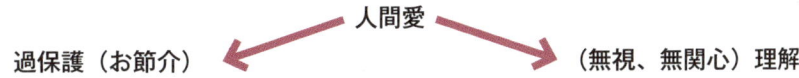

このことから、真に、「人間愛に基づく指導」という原理をより良く実践するために、児童に対して「無関心」でなかったか、「過保護」(お節介ともいえよう) ではなかったかを、常に考えていかなくてはならないのである。

以上、望ましい授業について、理論的な面を考察してきたが、これをできるだけ具体的実践的な事例で示したいと考えているのが、各学年の指導事例である。

そこでは、各事例が、上に考察し強調したいと考えたことのいくつかを具体的に示すように努めた。特に、展開において、それをどのように示そうと努めたかについて、第1部と第2部のそれぞれ第1章で、代表的な事例を挙げて、その解説を試みている。第2章の各事例を見る前に、第1章「望ましい指導案と指導事例」をまず見てほしい。

序論 学力を高める内容・考え方の重点とその指導

ここでは、各項目がどのようなことを意図して書いたかを、1つの事例を例にして説明している。
　また、事例集なので、指導案は示してない。実際の授業では、指導案が必要であるが、それは、これらの事例を見て作ってもらうことになる。そこで、この第1章では、「事例」とともに、それに対応する「指導案」を示した。これによって、第2章の事例の授業をするときに、これを参考にしてその指導案を作ることも容易になるであろう。

第5章　指導事例の構成と特徴

指導事例は次のような項目で構成した。
1．強調点　　　　考え方、内容で特に協調したい点、指導法の工夫、教具の工夫など
2．本時の目標　　原則として、1時間の展開についての目標であるが、そこには、原則として知識・理解、技能とともに数学的な考え方を具体的にあげる
3．準備　　　　　ワークシート、用具、自作教具など特に用意するものがあればあげる
4．指導計画　　　1つの章の時間配当だけをあげ、そこでの本時の位置を示す
　　　　　　　　　発展的事例については、既習事項やどの章の終了後かなど必要な位置付けを示す
5．展開　　　　　いうまでもなくこれが中心で、1時間の進み方がよく分かるように書くが、特に児童に指導したい数学的な考え方、および数学的な考え方をしているとみられる児童の反応、「ある内容を理解している」「ある技能がよくできるようになった」とみられる、といった反応には、右の欄にこのことを示す。

> **考**……指導者の発問の中で、子供たちに『数学的な考え方』をさせたい、気付かせたい、「この発問は、このような考え方をさせようと意図したものである」というもの。
> **評**……児童の反応や発言に「これは、これこれの数学的な考え方をしている」とみられるもの。
> **手**……特別な手立てをした方がよいと考えられるもの。

6．まとめ　　　　授業のまとめで「どんな数学的な考え方をしたのがよかったか」ということを示す。

第6章　WEBサイトの資料について

　本書は、これまでの事例集にみられない工夫として、実際に授業で試みたい方に必要であろう資料をWEBに置き、読者の皆さんに無料ダウンロードをして活用していただけるようようにしている。

1．図、絵、表、ワークシートをWEBに
　本書で紹介している指導事例では、使用する教師用（掲示用）の図や絵や表、児童用ワークシートなどを、縮小して示している。実際に必要だと考えられる図、絵、表、ワークシートについては、WEBサイトにこれを用意した。

2．各学年の「発展」の指導案をWEBに
　各学年に挙げてある「発展事例」については、初めてみる問題が多いと考えられる。そこで、これらを指導に取り上げてもらうことを願って、「指導案」の「展開」部分をWEBに載せた。
　いずれもパソコンから呼び出して、そのままプリントアウトができる。（詳しくは158ページへ）。

第1部

第1学年の指導事例

第1部 第1学年の指導事例

第1章 第1学年の望ましい指導案と指導事例 　AJ 数と計算

3つの数のたし算の式

1 本事例の強調点

　本事例では、3口の数の加法の具体的な場面において、その事実に基づいて1つの式で表すことを理解し、立式ができるようにすることをねらいとしている。このとき、1つの式に表すことに必要感をもち、そのよさに気付かせることが大切である。その上で、3口の数の加法の場面でも、1つの式に表せるようにすることになる。

　児童は、今までの学習で加法や減法の場面を式に表すことはできる。さらに、加法や減法の式（4＋5など）から、問題を作る（式を読む）ことの学習もしている。

　しかし、本事例のような3つの数が出てくる場面の場合ははじめてである。それでも、2つの式に分けて立式することはできる。そこで、1つの式に表すことが場面の状況をそのまま表していることを指導するところから導入する。また、3つの数の場合でもその場面を加法や減法（または、加法と減法の混ざった）の1つの式に表すことができることを、**既習事項を基にして筋道立てて考え**、見通したことがらを確かめる活動を重視したい。

　この計算は、今後の繰り上がりのある加法や、繰り下がりのある減法の基にもなる。

2 本時の目標

　3口の数の加法の場面を事実に即して捉え、立式することができる。また、その計算方法を理解することができる。

3 準備

　　　　　　　　　　　　　　　　　WEB …WEBサイトからダウンロード可

場面を表した掲示用図（7枚） WEB

①バスが出発する図

②初めのバス停に3人の乗客が待っている図

③バスが着いてみんなが乗ったことを示す図

④2番目のバス停に2人の乗客が待っている図

⑤バスが着いてみんなが乗ったことを示す図

⑥3番目のバス停に4人の乗客が待っている図

⑦バスが着いてみんなが乗ったことを示す図

第1学年の指導事例

4 指導計画（3時間）

第1時　3口の数の加法の式と計算（本時）
第2時　3口の数の減法の式と計算
第3時　3口の数の加減混合の式と計算、練習

5 展開

考 数学的な考え方　**評** 評価　**手** 手立て

(1) 場面を把握し、課題を理解する

T1：お話をします。紙芝居をよく見ていてください。
　　（1枚目を見せる）バスが出発しました。
　　（2枚目を見せる）初めのバス停です。3人待っています。
　　（3枚目を見せる）3人がバスに乗りました。
　　（4枚目を見せる）2番目のバス停に、2人のお客さんが待っています。
　　（5枚目を見せる）2人がバスに乗りました。
　　（6枚目を見せる）3番目のバス停に、4人のお客さんが待っています。
　　（7枚目を見せる）4人がバスに乗りました。さて、今バスにお客さんは何人乗っているでしょうか。
T2：さあ、今のお話で、分かっていることは何ですか。
C1：はじめのバス停で、3人乗りました。
C2：2番目のバス停で、2人乗りました。
C3：3番目のバス停では、4人乗りました。
C4：今バスに乗っているお客さんは何人か聞いています。

(2) 各自で、「全部で何人か」を求める方法を考える

T3：バスに乗っているお客さんは何人でしょう。自分で考えましょう。
　C：（各自でノートに考えをかく。）
　① おはじきを次のように出し、その数を数える。
　　　初めのバス停で乗ったお客さん　　○○○
　　　2番目のバス停で乗ったお客さん　　○○
　　　3番目のバス停で乗ったお客さん　　○○○○
　② 初めのバス停と2番目のバス停で乗ったお客さんの人数を求める式をかくが、その先が進まない。
　　　　3＋2＝5
　③ 初めに、初めのバス停と2番目のバス停で乗ったお客さんの人数を求める式をかき、その和に3番目のバス停で乗ったお客さんの人数をたす式をかく。
　　　　3＋2＝5　　　5＋4＝9
　④ 初めと2番目のバス停、2番目と3番目のバス停、3番目と初めのバス停で乗ったお客さんの人数の、それぞれを

手 紙芝居を見せることによって問題場面に興味をもって取り組むようにする。

> 児童が望ましい問題解決の活動が行えるようにするための留意点や手立てを明確にしておく。

手 T2は、児童の発言に合わせて、板書する。

手 手が止まっている児童には、どこで困っているかを聞く。

手 T3は、①の児童には、式に表せないかを聞き、考えさせる。

手 T3は、②の児童には、この式は何を表しているか聞く。

手 T3は、④の児童には、それぞれの式が何を表しているかを

求める式をかくが、そのあとどうしたらよいか悩んでいる。

$$3+2=5 \qquad 2+4=6 \qquad 3+4=7$$

(3) 各自の考えを発表し、「全部で何人か」を求める式について理解し、その計算方法を考える

T4：バスに乗っているお客さんの人数を求めることができましたか。発表してもらいます。
（Cの②、④、③、①の順に発表させる。）

C5：（C②）はじめのバス停と2番目のバス停で乗ったお客さんの人数は、3＋2＝5で、5人です。
でも、その後どうしたらよいか分からなかったです。

C6：（C④）初めのバス停と2番目のバス停で乗ったお客さんの人数は、3＋2＝5で、5人です。
同じように考えて、2番目のバス停と3番目のバス停で乗ったお客さんの人数は、2＋4＝6で、6人です。また、初めのバス停と3番目のバス停で乗ったお客さんの人数は、3＋4＝7で、7人なのは分かるのですが、この後どうしたらよいか分からなかったです。

T5：C5（C②）やC6（C④）は、今までのたし算から考えたのですね。でも、今までのたし算は2つの数をたしていました。
バス停が3つあったのでどうしたらよいか分からなかったのですね。それでは、C③に発表してもらいましょう。

C7：（C③）はじめは、C5やC6と同じように、初めのバス停と2番目のバス停で乗ったお客さんの人数を考えました。それは、3＋2＝5で、5人です。これに、3番目のバス停で乗ったお客さんの人数をたせば、全部の人数が分かると考えました。5＋4＝9で、9人になりました。

T6：C7（C③）は、初めに、初めのバス停と2番目のバス停で乗った人数を合わせてから、それに3番目のバス停で乗った人数をたしたのですね。本当にそれでよいか、数えた人に聞いてみましょう。

C8：（C①）おはじきを置いて数えました。全部で9人と分かりました。

T7：C8（C①）のように、数えると全部の人数が分かりますね。でも、数えただけでは、あとでそれぞれのバス停で何人が乗ったのかわかりませんね。では、C7の式を見てみましょう。はじめの3＋2＝5は何を表わしていますか。お話してみましょう。

C9：はじめのバス停で3人乗りました。2番目のバス停で2人乗りました。乗っているお客さんは全部で5人です。

聞き、あとどうしたらよいか、考えさせる。

評 C5やC6は、たし算の場面であることは、今までの学習で理解していると考える。しかし、3口の数のたし算は今まで学習していないので、そこで止まっているものと考えられる。たし算の場面であると判断したことを認め、この後、他の児童の発表を聞くよう示唆する。

> 授業の目標に照らして、評価すべき児童の発言や活動の姿を明確にしておく。（その評価に基づいて、必要な指導を行う。）

評 C7は、場面を二つに分けて、2口のたし算を2回すればよいと考えたものである。

手 T6は、C7の考えをまとめた上、C8の児童を学級の中で救うための発言である。

考 T7は、目的・内容を明確にするためのものである。

> 数学的な考え方を引き出す手立てを明確にする。

T8：よくできました。では、5＋4＝9はどうですか。
C10：バスに5人乗っています。3番目のバス停で4人乗ったのでバスに乗っている人は全部で9人です。
T9：バスに乗っている人が5人というのはさっきの紙芝居にありましたか。
C11：ありません。初めのバス停と2番目のバス停で乗った人を合わせた人数です。
T10：それぞれのバス停で乗った人数が分かるような工夫を考えましょう。
C12：5＋4＝9の5は3＋2だから、3＋2＋4と書いたらどうだろう。
T11：そうですね。いい工夫をしました。このように、数が3つの場合でも、お話の順に一つの式にすることができます。

$$\underbrace{3+2}=5 \qquad \underbrace{5+4}=9$$
$$\underbrace{3+2+4}=9$$

のようにかきます。

考 3口の数の場合の、たし算の式にする必要をつかませる。

(4) 学習のまとめをする
T12：今日のまとめをします。どんなことが分かりましたか。

手 児童の言葉でまとめる。

まとめ

1 1つの式に表すと、お話しがよく分かる。【筋道立てて考える態度】
2 3つの数の場合でも1つのたし算の式に表せることが分かった。【知識・理解】

> 新しく習得した知識・技能を整理して今後の学習に使えるようにする。また、どのような考え方が有効だったのか、数学的な考え方についてのまとめを行う。

6 発展的考察

　本時で学習した3口の数の加法の場面を一つの式に表すことの理解は、次時以降の3口の数の減法や加法と減法の混じった問題で活用できる。また、この3口の計算は、今後の繰り上がりのある加法や繰り下がりのある減法において、その計算方法を考える際に活用される。例えば、8＋6の計算方法を考える際、被加数の8はあと2で10になることから、加数の6を2と4に分解して、8に6をたすのは、8に2＋4をたすことと考えて8＋2＋4＝10＋4＝14と求めることになる。被加数を分解するのも同じように考えられる。

7 指導案

単元における位置（指導計画）・本時の目標・準備等は、「5. 展開」（P17）の指導事例と共通

展 開

教師の活動	児童の活動	考 数学的な考え方 評 評価　手 手立て
1　課題把握 T1：お話をします。紙芝居をよく見ていてください。		手 紙芝居を見せることによって問題場面に興味をもって取り組むようにする。
お話の内容 （1枚目）バスが出発しました。（2枚目）初めのバス停です。3人待っています。（3枚目）3人がバスに乗りました。（4枚目）2番目のバス停に、2人のお客さんが待っています。（5枚目）2人がバスに乗りました。（6枚目）3番目のバス停に、4人のお客さんが待っています。（7枚目）4人がバスに乗りました。さて、今バスにお客さんは何人乗っているでしょうか。		
T2：さあ、今のお話で、分かっていることは何ですか。	C1：初めのバス停で3人乗りました。 C2：2番目のバス停で2人乗りました。 C3：3番目のバス停で4人乗りました。 C4：今バスに乗っているお客さんは何人か聞いています。	手 児童の発言に合わせて、板書する。
2　自力解決 T3：バスに乗っているお客さんは何人か、自分で考えましょう。	C：（各自でノートに考えをかく。） ① おはじきを次のように出し、その数を数える。 　初めのバス停　　○○○ 　2番目のバス停　○○ 　3番目のバス停　○○○○ ② 3＋2＝5を書くが、その先が進まない。 ③ 3＋2＝5、5＋4＝9を書く。 ④ 3＋2＝5、2＋4＝6、4＋3＝7を書くが、そのあとどうしたらよいか悩んでいる。	手 手が止まっている児童には、どこで困っているかを聞く。 評 手 C①の児童は、おはじきで、答えを出そうとしている。式に表せないかを聞き、考えさせる。 評 手 C②やC④の児童は、既習を生かして考えている。式が何を表しているか聞き、あとどうしたらよいか、考えさせる。
3　発表・検討 T4：バスに乗っているお客さんの人数を求めることができましたか。発表しても	C5：（C②）初めのバス停と2番目のバス停で乗ったお客さんの人数は、3＋2＝5で、	手 Cの②、④、③、①の順に発表させる。

らいます。	5人です。 　でも、あとどうしたらよいか分からなかったです。	
T5：C5（C②）やC6（C④）は、今までのたし算から考えたのですね。でも、バス停が3つなので困ったのですね。それでは、C③に発表してもらいましょう。	C6：（C④）2つのバス停で乗った人数ならできるけれど、3つ全部だとわからなかったです。 C7：（C③）初めは、C5やC6と同じように、3＋2＝5をしました。これに、3番目のバス停で乗ったお客さんの人数をたせば、全部の人数が分かると考え、5＋4＝9で、9人になりました。	評 C7は、場面を二つに分けて、2口のたし算を2回すればよいと考えたものである。
T6：C7の方法で、本当にそれでよいか、数えた人に聞いてみましょう。 T7：数えると全部の人数が分かるけれど、それぞれのバス停で何人が乗ったのか分かりませんね。では、初めの式3＋2＝5は何を表わしているかお話ししてみましょう。	C8：（C①）おはじきを置いて数えました。全部で9人と分かりました。 C9：初めのバス停で3人乗りました。2番目のバス停で2人乗りました。乗っているお客さんは全部で5人です。	手 T6は、C7の考えをまとめた上、C8の児童を学級の中で救うための発言である。 考 T7は、目的・内容を明確にするためのものである。
T8：よくできました。では、5＋4＝9はどうですか。 T9：バスに乗っている人が5人というのはさっきの紙芝居にありましたか。 T10：それぞれのバス停で乗った人数が分かるような工夫を考えましょう。 T11：いい工夫をしました。このように数が3つの場合でも、お話の順に一つの式にすることができます。	C10：バスに5人乗っています。3番目のバス停で4人乗ったのでバスに乗っている人は全部で9人です。 C11：ありません。初めのバス停と2番目のバス停で乗った人を合わせた人数です。 C12：5＋4＝9の5は3＋2だから、 　3＋2＝5　5＋4＝9 　3＋2＋4＝9 のように書いたらいいのではないか。	手 3口の数の場合の、たし算の式にする意味とその計算の仕方を押さえる。
4　まとめ T12：今日のまとめをします。どんなことが分かりましたか。		手 児童の言葉でまとめる。

1 1つの式に表すと、お話しがよく分かる。【筋道立てて考える態度】
2 3つの数の場合でも1つのたし算の式に表せることが分かった。【知識・理解】

第2章 第1学年の基礎学力および高次の学力を育てる指導事例　A 数と計算

第1節 くらべよう

1 本事例の強調点

　多くの児童は、日常生活の中で身の回りのものの個数を数える経験をしてきている。しかし、その経験は「机の上のコップの個数」などのように、数える対象がはっきりとしている場合が多い。第1学年では、これまでの日常生活での経験を基に、数えるものの集まりをしっかりととらえ、ものとものとを正しく対応させることによって、ものの個数を比べるなどの活動から学習が始まる。ものの個数を数えようとするとき、まずは数えるものの集まりを明確にとらえる（**集合の考え**）ことが大切となる。複数の集合の要素の個数を比べようとするとき、それぞれの個数を数えなくても、1対1対応させることで個数の大小や相等を判断したり、直接1対1対応させにくい場合は、おはじきなどの半具体物に置き換え、対応させた半具体物の個数どうしで比べたりすることができるようにする。

　本時では、動物たちと具体物との1対1対応に着目させる場面を設定し、関連のある話題の中から数への関心を引き出せるようにする（**自己の問題や目的・内容を明確にする**）。対応による大小比較ができるようにするためには、いろいろな場面を取り上げなくてはならない。次のような場合が考えられる。

①比較する2つの集合の一方または両方を動かして一つずつ対応の組が作れる場合
②両方のものが動かせないため、1組ずつ線で結んでいく場合
③線で結ぶこともできないため、一方のものを比べやすいものに置き換えていく場合

　2つの集合を用いて、それぞれの要素を直接的または間接的に1対1に対応させる活動を通して、対応の考えのよさを理解できるようにしたい。そして、対応させた結果の過不足から、「数が同じ」「数が違う」「数が多い」「数が少ない」などのように、色や配列などの属性を捨象して（**抽象化の考え方**）、数の大きさにだけに着目した見方へと高めていけるようにする。

2 本時の目標

- 各々の集合内の要素を数えなくても数の相等や多少の比較ができるよさに気付き、2つの集合の要素の数の比べ方を考える。
- 1対1対応の操作を通して、2つの集合の要素の個数の比べ方を考え、言葉や半具体物を用いて説明することができる。

3 準備　　　　　　　　　　　　　　WEB …WEBサイトからダウンロード可

- 場面絵（掲示用・配布用）WEB　・おはじき

4 指導計画（2時間）

第1時　なかまあつめを しよう
第2時　くらべよう（本時）

5 展開

考 数学的な考え方　**評** 評価　**手** 手立て

（1）課題の把握

T1：何をしているところでしょうか。（図1）

（図1）

C1：うさぎさんがいます。
C2：一輪車で遊ぼうとしています。
C3：一輪車はたりるのかな。
T2：では、比べてみましょう。

> うさぎさんと　一りんしゃのかずは　どちらがおおいかな

（2）解決の実行・発表

【比べ方①】

T3：うさぎさんと一輪車の数は、どちらが多いですか。
C4：一輪車の方が多いです。
T4：どうして一輪車の方が多いとわかりましたか。

（図2）

C5：一輪車をうさぎさんのところに持ってきます。そうしたら、一輪車が残ったよ。（図2）
T5：前に出てきて動かしてみてください。
C6：一輪車が多いね。
C7：並べた方が分かりやすいよ。（図3）
T6：どういうことですか。前に出てきてやってみてください。

（図3）

C8：うさぎさんの方が多い。うさぎさんの方が長いから。
C9：本当だ。おかしいね。
C10：そんなことないよ。一輪車の方が多いよ。
C11：そうだよ。
C12：きちんと並べればわかるよ。
T7：きちんと、というのはどういうことですか。

手 黒板にうさぎと一輪車のそれぞれの絵を貼っておく。

考 2つの集合の要素の個数を比較したいと思えるようにすることで、事象の中から数学的な問題を見つけ、**自ら進んで自己の問題や目的・内容を明確に把握**できるようにする。

手 一輪車をうさぎのところへ動かすことで、1対1対応が見えやすいようにし、どちらが多いか比べられることに気付けるようにする。

C13：うさぎさんと一輪車を、このように並べます。

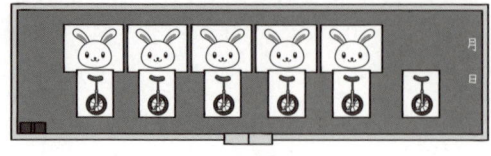
（図4）

C14：やっぱり一輪車の方が多いね。
C15：並べるときは、大きさに気をつけなければいけないね。
C16：1つずつ合わせて、きれいに並べると分かりやすいね。
T8：どちらが多いですか。
C17：一輪車が多いです。

【比べ方②】
T9：今度は、この絵を見てください。
C18：カバさんがサッカーをしているね。
C19：シュートの練習をしているよ。
C20：ボールはたりるかな。
T10：どうやって比べればよいでしょうか。
C21：今度は動かせないね。
C22：指で1つずつ押さえていけばよいと思ってやってみたけれど、指が足りなくて分からなくなってしまいました。
（図5）
C23：線をひけばいいと思います。
T11：どういうことですか。
C24：カバさんとサッカーボールを線で結びます。
C25：それならできそう。
T12：ではカバさんとサッカーボールを線で結んでみましょう。
C26：線で結んだら、サッカーボールが残ったよ。
T13：ということは、どちらが多いと言えますか。
C27：サッカーボールの方が多いです。
C28：カバさんの方が少ないとも言えるよ。
T14：いろいろな言い方ができるのですね。
T15：では、小鳥さんとりんごでは、どちらが多いでしょうか。
C29：小鳥さんとりんごを線で結べば分かりそうだね。
C30：小鳥さんとりんごは、線で結んでもどちらも残らないね。
T16：ということは、どちらが多いのでしょうか。
（図6）
C31：同じです。
C32：線で結ぶと分かりやすいね。

[考] 大きさという属性を捨象して考えられるようにする。（**抽象化の考え方**）

[手] 黒板にカバがシュート練習をしている絵を貼る。

[手] 具体物のように移動できないことに気付けるようにする。

[手] 児童にも同じ絵を配布する。

[手] 児童に小鳥とりんごの絵を配布する。

[評] C29は、**類推的な考え方**とみられる。

【比べ方③】
T17：次はこの絵を見てください。
C33：赤いお花と青いお花がたくさん咲いているね。
C34：どちらが多いかな。

（図7）

T18：赤と青のお花では、どちらが多いか比べてみましょう。
C35：線で結べばできそうです。
C36：きれいなお花なのに線をひいたらきたなくなっちゃうよ。
T19：線をひかなくてもできる方法はないでしょうか。
C37：おはじきを使えばいいんじゃないかな。
C38：おはじきを置いて、おはじきの数で比べればいいよ。
T20：では、赤いお花に赤いおはじき、青いお花に青いおはじきを置いて比べてみましょう。
C39：このままじゃよく分からないな。
C40：赤いおはじきと青いおはじきを1つずつきれいに並べればどちらが多いか分かりやすいよ。
C41：きれいに並べてみると、赤いおはじきの方が多いね。
T21：ということは、どちらが多いといえますか。
C42：赤いお花の方が多いです。
C43：青いお花の方が少ないです。

🖐 T16は、黒板に赤い花と青い花の絵を掲示する。児童にも同じ絵を配布する。

🤔 T18は、よりよいものを求めようとする態度を促す発問である。

🖐 おはじきに置き換え、並べることで1対1対応ができることに気付けるようにする。

（3）まとめ

> **まとめ**
>
> 2つのものをくらべるときに、せんでむすんだり、おはじきをおいてくらべると、くらべやすい。【対応の考え】

6 発展的考察

　本時で取り上げた以外にも、一方または双方が時間とともに変わっていく場合、または目前にない場合が考えられる。そこで次のような場面を設定する。
・2種の音が不規則に鳴るとき、どちらが多く鳴ったかを比べるとき
・2人で、家族の人数はどちらが多いかを比べるとき（目の前にはいない）
　このような場合、2色のおはじきを用意し、音1つを聴くたびにそれぞれの色のおはじきを1個ずつ置いていったり、家族をイメージしながら、それぞれ一人ひとりに対しておはじきを1個ずつ置いたりして、後でおはじきの個数を比べる。
　1対1対応による比較はいろいろな場面が考えられることを心得ておき、できるだけ異なった場面を取り上げられるようにしたい。

第2章 第1学年の基礎学力および高次の学力を育てる指導事例　AJ 数と計算

第2節 いくつといくつ

1 本事例の強調点

　単元「なかまづくりとかず」で、5つの具体物の集合を「5」ととらえる学習をしてきた。本時では、この見方を広げ、おはじきなどの半具体物の操作を通して1つの数を他の数の和や差としてみることができるようにする。その際、2つの数を全て重なりなく見つける方法を考えさせる（**自己の問題や目的・内容を明確にする**）ことで2つの数の一方が増えると他方がその分だけ減ることにも着目させる活動を重視する。

2 本時の目標

「5」の合成・分解をし、2つの数の組を順序よく並べ、そこから見える並び方の特徴をつかむことができる。

3 準備

- 児童用おはじき（赤4つ、青4つ）　・袋　・ノート
- 教師用おはじき（赤4つ、青4つ）　・袋

4 指導計画（7時間）

第1時　5の構成を理解する。（本時）
第2時　6の構成を理解する。
第3時　7の構成を理解する。
第4時　8の構成を理解する。
第5時　9の構成を理解する。
第6時　10の構成を理解する。
第7時　10に対する補数について習熟する。

5 展開

考 数学的な考え方　評 評価　手 手立て

（1）本時の活動への興味を高め、本時の学習課題をとらえる

T1：今日の算数では、おはじきを使います。赤い色のおはじきはいくつかな。（ここで赤いおはじきを4つ示す）
C1：1・2・3・4。4つです。
T2：これを、袋に入れます。次は、青いおはじきを数えましょ

手 おはじきを使う活動で興味を高める。

う。
C2：青いおはじきも4つです。
T3：赤いおはじき4つと青いおはじきを4つ袋に入れました。この袋からおはじきを5つ取ります。先生が5つ取ったら、ストップと言いましょう。
C3：1・2・3・4・5　ストップ
T4：5つ取りました。何か気づいたことはありますか。
C4：赤いおはじきが3つです。
C5：青いおはじきが2つです。
T5：先生が取ったおはじきは、赤3つと青2つで全部で5こですね。では、みんなにもやってもらいましょう。調べたら、忘れないようにノートに書いておきましょう。
T6：おはじきを5つ取って、赤と青はいくつといくつでしたか。
C6：赤が4つで青が1つです。
C7：赤が1つで青が4つです。
C8：赤が3つで青が2つです。
C9：赤が1つで青が4つです。
C10：赤が2つで青が3つです。
C11：赤が4つで青が1つです。
C12：赤が3つで青が2つです。

(2) おはじきの出し方から重なりや決まりを見つける方法を考える

T7：おはじきは5つなのに、いろいろな取り出し方になりましたね。こんなにたくさんだと覚えるのが大変ですね。どうしたらいいかな。
C13：4と1のカードが何枚もあるよ。
C14：2と3のカードもいっぱいあるよ。
C15：同じカードを集めるといいと思います。
T8：同じカードを集めるとすっきりしていいですね。
T9：同じカードを集めると 3と2 、2と3 、4と1 、1と4 のカードだけになりましたね。これなら、みんなすぐ覚えられるかな。
C16：覚えられないよ。
T10：何か他にいい方法はないかな。
C17：カードの順番を変えると覚えややすいよ。
　　 1と4
　　 2と3
　　 3と2
　　 4と1
T11：どうしてカードの順番を変えると覚えやすいか説明で

手 一緒に数えることで数を意識させる。

手 児童用のおはじきと袋を配る。

手 赤いおはじきの数と青いおはじきの数を短冊に書いて黒板に貼る。

考 T7は、たくさん出た意見から、同じものをまとめたり、決まりに気付かせたりするためのものである。

評 C15は、重なりに気付いたとみられる。

評 C17は、赤の数に気付いたとみられる。

きる人はいますか。
C18：赤いおはじきの数が1・2・3・4となっています。
C19：青いおはじきの数が4・3・2・1となっています。
T12：1・2・3・4や4・3・2・1と順番になっているとすぐ分かりますね。5つのおはじきの取り出し方は4通りだと分かりましたね。今日の算数から、いくつといくつという学習をします。5は、1と4、2と3、3と2、4と1に分けられることを見つけましたね。声に出して覚えましょう。
C20：5は、1と4に分けられる。
　　　5は、2と3に分けられる。
　　　5は、3と2に分けられる。
　　　5は、4と1に分けられる。

評 C18、C19は、一方が増えると一方が減ることに気付いたとみられる。

（3）きまりを使って間違いを見つけ、きまりを使うよさを味わう

T13：「5はいくつといくつ間違い探しゲーム」をしてみましょう。これから、先生が出すいくつといくつに5にならないものがあります。
　　　3と2
　　　1と4
　　　2と4
　　　4と1
C21：2と4 が間違いです。
T14：どうして、2と4 が間違いか説明できる人はいますか。
C22：前の数を1・2・3・4の順番にすると、後ろの数が4・4・2・1になるからです。
　　　1と4
　　　2と4
　　　3と2
　　　4と1
C23：2と4 だと5じゃなくて、6になるよ。
T15：2と4 じゃなくて、2といくつ になるといいかな。
C24：3です。
T16：どうして、3だと思ったの。
C25：後ろの数が4・3・2・1になるからです。
T17：1から順番に並べると、間違いをすぐに見つけることができますね。では、もう一度間違いを見つけてみましょう。
　　　2と3
　　　4と1
　　　3と4
　　　3と2
C26：3と4 が間違いです。

考 T13は、一方の数が増えると一方の数が減ることに気付かせるためのものである。また、抜けているものや、間違いを見つけることを狙っている。

T18：どうして、3と4 が間違いか説明できる人はいますか。
C27：後ろの数を4・3・2・1の順番にすると、本当は1なのに3になっているからです。
C28：3と4だと、7になるからです。
T19：今日は、5がいくつといくつになるか学習しました。今日の学習で分かったことを発表しましょう。
C29：5が1と4に分けられることが分かりました。
C30：5が2と3に分けられることが分かりました。
C31：5が3と2に分けられることが分かりました。
C32：5が4と1に分けられることが分かりました。
C33：たくさんカードがあるときは、同じカードで集めるとよかったです。
C34：1・2・3・4に並べると間違いが見つかった。
T20：今日の学習をまとめておきましょう。5はいくつといくつかノートに書きます。ノートの準備をしましょう。

考 同じものを集めると重なりを見つけることができる。
考 カードを順番に並べることで間違いや抜けているものを見つけることができる。

まとめ

1 5は、1と4、2と3、3と2、4と1に分けられる。【知識・理解】
2 同じカードをまとめると、すっきりする。【関心・意欲・態度】
3 カードを1・2・3・4のじゅんじょよくならべるとまちがいを見つけやすくなる。

6　発展的考察

　本事例に続く第2・3・4・5・6時では、「6」「7」「8」「9」「10」のいくつといくつでも本事例で学習した決まりを使って重なりや間違いを見つけることができる。また、抜けているものを見つけることもできる。本単元が10までのたし算やひき算につながる。第7時の10に対する補数について習熟をするときにも、抜けや間違いを見つけやすくなる。10の合成・分解は今後の繰り上がりのあるたし算や繰り下がりのあるひき算につながるので、一方の数が増えると一方が減るという関数的な見方を学習させたい。
　教科書等では、いくつといくつを整理するときに教師主導で1から順番に並べてしまうことが紹介されているが、一方の数が増えると一方の数が減ることに気付かせることで順番に並べるよさを体験できると思われる。

第1部 第1学年の指導事例

第2章 第1学年の基礎学力および高次の学力を育てる指導事例　A 数と計算

第3節　10より大きい数

1 本事例の強調点

　第1学年の児童の中には、10より大きな数を、生活経験を通して唱えられるようになっている児童も多いが、数の概念や関係を明確に認識できていない児童もいる。その中で、それらの理解を促す際に有効なのが数直線（以下「数の線」という。）である。数や数の関係を操作的・視覚的に表現し理解することのできる数の線は、算数・数学の学習に欠かせないものである。

　本事例では、数の線を児童に提示する前に、2種類の生き物が跳んだ回数を数えずに大小の判断ができないか考えさせる。そこで、1単位の幅を揃えること（**単位の考え**）、出発点を揃えること（**問題を明確にする**）が、見た目で比べるには大切なことであると確認する。そして、自分たちが考えた方法と数の線の相違点を考える（**抽象化の考え**）ことで、数の線を使うと、より簡単に大小を比べられることを知る（**よりよいものを求める**）。また、数の線を使いながら、数系列や数の置かれる位置で大小が視覚的に判断しやすいよさだけでなく、基点を決めて目盛りを利用することで、計算せずに数を合成できるよさを感じさせたい。

2 本時の目標

　20までの数の数系列が分かり、大小を比較できる。数の線について知り、数を位置で表せることや大小を比べられること、目盛りを利用することで2点間の距離（大きさ）が分かることを理解する。

3 準備

　　　　　　　　　　　　　　　　　　　WEB …WEBサイトからダウンロード可

・数直線　・ウサギ・カエル・バッタの跳ぶ絵（下図・単位の幅が異なる長さ）WEB

4 指導計画（6時間）

第1時	20までの数の構成（10のまとまりといくつ）、唱え方、数え方を知る。
第2時	20までの数の読み方、書き表し方を知る。
第3時	2ずつ、5ずつなどまとめて数えるよさを知る。
第4時	20までの数の大小や順序、系列を理解する。（本時）
第5・6時	10のまとまりといくつの考えを使って、20までの数の計算をする。

5 展開

考 数学的な考え方　評 評価　手 手立て

（1）課題を捉え、数えずに大きさを比べられないか考える

T1：動物たちが跳んだ回数で勝負をしています。ウサギとカエルどちらが多く跳んだでしょうか。ウサギとカエルはそれぞれこんな風にぴょんぴょん跳びました。

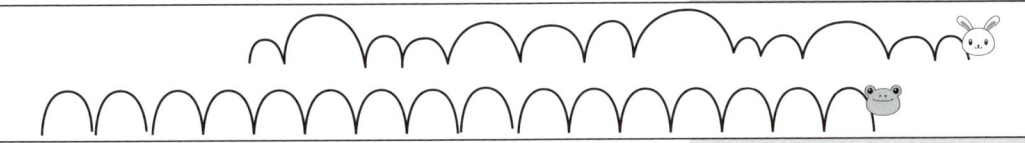

C1：ウサギの方が遠くまで跳んでいるし、多く跳んでいます。
C2：数えたらカエルの方が多く跳んでいます。
T2：両方とも横に並んで跳んでいるので、右に飛び出しているウサギの方が多く跳んでいるのではないですか。
C3：回数が多い方が勝ちなので、遠い近いは関係ありません。
T3：跳んだ長さではなくて回数を比べるのでしたね。なぜ、ぱっと見ただけでは、簡単に比べられないのでしょうか。
C4：ウサギとカエルでは、1回で跳んだ幅が違うので、ぱっと見ても回数が比べられません。
T4：何か工夫したら、比べやすくなりますか。
C5：跳ぶ幅をカエルと同じにしたらいいと思います。
T5：では、直してみましょう。どうですか。

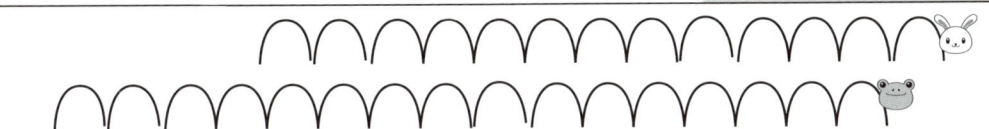

C6：始めの位置が違うので、分かりにくいです。
C7：始めの位置を揃えたらいいと思います。

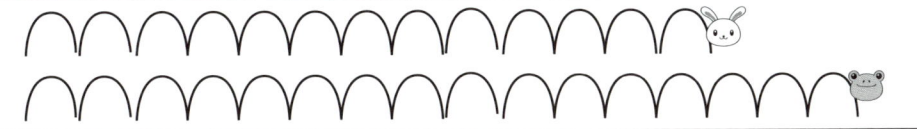

C8：これなら、見ただけで右にいるカエルの跳んだ回数の方が多くて、勝ちだとわかります。
T6：見ただけで大小が分かるようにするには、はじめの位置や、1つ1つの幅を揃えるといいのですね。カエルの跳んだ下に数を入れながら、みんなで声を揃えて数えてみましょう。カエルは16回跳んでいますね。ウサギは何回とんでいるのかな。

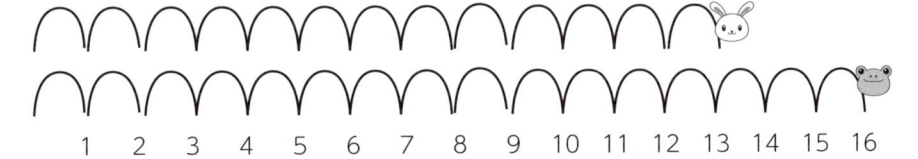

手 T1は、跳んだ回数で比べていることを確認する。

手 T1は、動物とその跳んだ軌跡の分かる絵を提示し、それぞれの跳び方の違いに気付かせる。

手 T2は、数えるのではなく、視覚的に比べようという意欲をもたせる。

評 C3は、問題を明確に把握し、目的にあった行動をしようとしている。

手 T5は、T1と同様にする

評 C5は、同じ1単位で比べるよさに気付いている。単位の考え。

評 C6C7は、始点を揃えることに注目している。問題を明確にしようとしている。

手 ㋐を移して始点をそろえる。

手 T6は、数系列を確認する。跳んだ軌跡をなぞりながら、着地点に数字を書く。

C9：ウサギとカエルの跳んだ幅が揃っているので、下の数を見れば分かります。
T7：どのように見れば分かるのですか。
C10：ウサギの最後に着地した場所を下にたどっていくと、カエルの13回と同じ位置になるので、ウサギは13回です。
T8：やはり、カエルの勝ちですね。着いた所にはそれぞれ数を入れました。始めのところだけ何も書かれていませんね。何を入れたらいいでしょう。
C11：5、4、3、2、1と順番に小さくなっているので、0を入れるといいと思います。
C12：跳んだ回数を書いたので、始めは1回も跳んでいないという意味で、0回の0を入れるといいと思います。
T9：そうですね。0を入れましょう。

| 評 C9は、内容を簡潔に表現しようとしている。
| 手 C10は、児童を前に出させ、見方を実際に指を指しながら説明させる。
| 手 T8は、出発点に意識を向けさせ、出発点の0に気付かせる。
| 評 C11は、数の系列の仕組みが身についている。**類推**している。
| 評 C12は、今回の問題の0の意味を理解している。

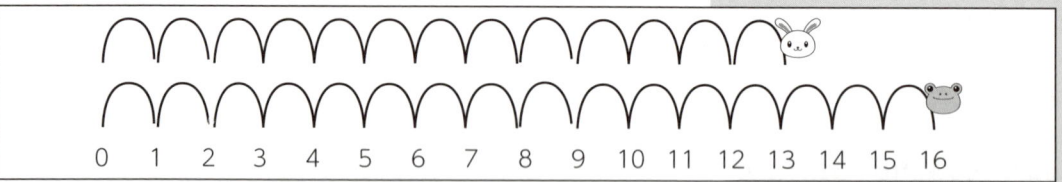

（2）数の線について知り、跳んだ数を表す

T10：上手に勝ち負けを考えられましたね。今みんなが考えてくれた表し方に似ているものが算数では使われています。それが数の線です。

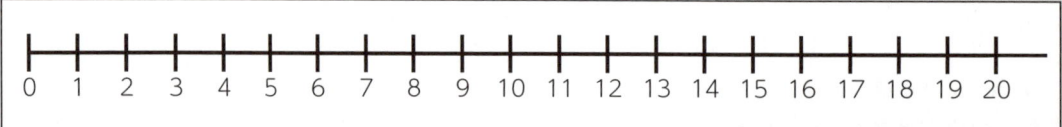

C13：さっきまでやっていた、図に似ています。
T11：どんなところが似ていますか。
C14：0から右に行くほど数が増えています。
C15：幅が全部同じです。
C16：数の線を使っても、勝ち負けの問題が解けそうです。
T12：違うところもありますか。
C17：一番大きい数が、16と20で違います。
C18：まっすぐな線だけの数の線の方が、描くのが簡単です。
T13：このように目盛りを付けて、数をまっすぐな線の上に表したものを「**数の線**」といいます。今回は0から始まって、同じ幅で数が1ずつ大きくなっています。数の線はみんなで考えた大きさを比べるときの注意することが守られていますね。同じように比べることができて、描くのも簡単ならここからは、数の線を使っていきましょう。ウサギとカエルの跳んだ回数を数の線上に表してみましょう。

| 考 T11・T12は、数の線の特徴とよさに気付かせる。
| 評 C16は、見通しを立てようとしている。
| 考 C18は、よりよいものを求めようとしている。
| 手 T13は、数の線について教える。できるだけ簡単に表せたほうがよいこと、1つの数が1つの点に対応していることを確認する。

C19：数の線の下の数字を見れば、簡単にそれぞれの位置がわかります。

（3）数の線は位置関係で大小がわかることを知る
T14：動物たちの勝負はまだ終わっていません。他にも出場者がいます。バッタはこれだけ跳びました。何位ですか。

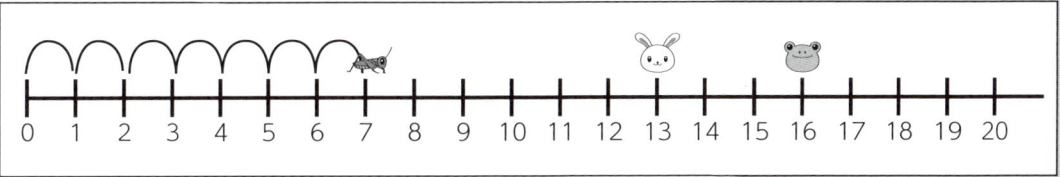

C20：7回で3位です。
T15：すぐに3位と分かりましたね。もし下の数が見えないとしても、すぐに分かりますか。
C21：左に行くほど小さい数になっているので、一番左にあるバッタは3位です。
T16：数の線を使うと、位置でどちらの数が大きいか小さいか分かりますね。

（4）数の線上を使って問題を考える
T17：カエルが強いですね。バッタはあと何回跳んだらウサギと同じ回数になりますか？
C22：ウサギは13回だから、あと6回跳べば同じになります。
C23：7から目盛りを右に6つ数えたら、13になるので6回です。
T18：計算が分からないとしても、数の線の目盛りを読んでいくと、合わせた数が分かるのですね。

（6）まとめる

まとめ

＜まとめ＞
1 できるだけ簡単に表せる方法を考える。【よりよいものを求めようとする】
2 幅を揃えると比べられた。【単位の考え】
3 はじめを揃えると比べられた。【問題を明確に】

＜数の線について＞【知識・理解】
1 0から右に行くほど数が大きくなる。
2 まっすぐな線で、数の間の幅が同じ。
3 位置で大小がわかる。
4 目盛りを数えれば、合わせた数もわかる。

評 C19は、数と数の線の目盛りの対応関係を理解している。
手 T14は、バッタの跳んだ線はすぐに外し、数の線に注目させる。

手 T15は、数でなく位置で大小を比べられるか考えさせる。

評 C21は、数の大小を位置関係で判定できている。

手 C23は、児童に実際に前で数えさせる。
評 C23は、数の線の意味を理解し、基点を決めて目盛りを読むことができている。数系列を理解している。

第2章 第1学年の基礎学力および高次の学力を育てる指導事例　AJ 数と計算

第4節 たし算の式

1 本事例の強調点

　児童は、これまで、1～10までの数について、具体物をおはじきや算数ブロックなどの半具体物に置き換えて数えたり、ある数を他の2つの数の和や差としてとらえたりする（数の合成・分解）ことを学習してきている。

　本事例では、①2つの数量の合併の場面を算数ブロックに置き換え、操作することを通して、加法の意味の理解を図り、式に表わすことができるようにすること　②事柄や関係を簡潔・明確に表せるという式のよさを十分に味わわせることの2点を意識した。

　本時は、加法場面を式に表わす最初の指導場面である。式は、算数の言葉である。式のよさを味わわせるには、式に表わすことで分かりやすくなったとか、逆に、面倒だとか、曖昧だとかという経験をさせることが有効である。このような経験を踏まえてこそ、式に表した時、それがどんなに簡潔・明確で、多様な場面を表している（**事柄や関係を一般的に表せるよさ**）のかを強く印象付けることができ、今後、式に表わしていこうとする意欲の向上が期待できるものと考える。

　たし算の式は、5＋3や5＋3＝8のようにかき、これを「5たす3，5たす3は8とよむ」と約束として教える。とはいえ、ただ単に教えたのでは、式に表わすよさや必要感を感じさせることはできない。児童は、繰り上がりのない加法ならば、基礎的な経験として答えを出すことができるであろう。しかし、式に表わすことは、単に答えを出すためだけではない。式を見ただけで、問題場面が分かるよさ（**思考の過程を簡潔・明確に表せるよさ**）を感得させる指導を本事例で強調したい。

2 本時の目標

・式に表わすよさに気付き、進んで式に表わそうとしている。
・日常の事象から合併の場面を見出し、ブロック操作を通して加法の意味や式の表し方を理解する。

3 準備

・算数ブロック(教師用・児童用)　・じょうろ(合併場面をとらえさせる具体物)3個　・ビー玉5個

4 指導計画（7時間）

第1時	2数量の合併の場合について、加法の意味や式の表し方を考える。（本時）
第2時	数量の増加の場合について、加法の意味や式の表し方を考える。
第3・4時	問題文から合併や増加の場面を読み取り、立式し解決する。
第5時	和が10以内の加法計算を習熟する。
第6時	0を含む加法の式のよさを知るとともに、場面を考え図に表現する。
第7時	問題づくり

第1学年の指導事例　第1部

5　展開

考 数学的な考え方　**評** 評価　**手** 手立て

（1）動作化を通して、問題場面を把握する

T1：（じょうろの挿絵を見ながら）女の子と男の子が、じょうろを持っているね。何をしているのかな。
C1：片付けをしている。
C2：並べている。
T2：そうだね。女の子が2つ、男の子が1つ、いっしょに片付けているね。絵の二人になったつもりで、AさんとBさんに片付けてもらいましょう。よく見ていてください
　＜2人の児童に実際にやらせて、問題場面を理解させる。＞

考 T2は、問題の意味を明確にし、二人が同時に片付けていることに着目させる発問である。

二人同時に、棚に入れたのですね。よくできました。
T3：さて、片付けたじょうろは、あわせていくつですか。
C3：3つです。
T4：なぜ。
C4：だって、1、2、3でしょ。（指をさして数える）
T5：そうだね。では、今のことを先生がお話にしてみます。先生の後に続けて、同じようにお話をしてください。
　①女の子が、じょうろを2つもっています。

評 C3は、基礎的な経験を生かした予想される反応である。
評 C4は、物と数詞とを1対1対応として捉え考えている。

（児童も、後に続けて言う）

　②男の子は、1つもっています。
　③じょうろをいっしょに片付けたので、

　　あわせて、3つになりました。
　・「3つ」と板書する。

手 T5 じょうろの数と同時に置くという操作に着目させる。

（2）操作することを通して、加法（合併）の意味を理解する

T6：2つのじょうろと1つのじょうろをあわせると、3つになるんだね。「あわせて」という時には、どのように手を動かしたかな。
C5：両手で、こういうふうに。
C6：ガシャンって。
T7：そうだね、「あわせて」っていう時は、両手でガシャンと。確かに、「あわせて」とか「全部で」という時は、両手でガシャンとやるね。
T8：では、この問題は分かるかな。D君は2個、E君は3個のビー玉をもっています。2人いっしょに袋に入れます。袋

考 T6は、操作の意味に基づいて考えさせるための発問である。
考 C5は、両手で算数ブロックを寄せ合う場面であることを理解させる。C6については、児童に自由に出させる。

35

の中のビー玉は、全部で何個ですか。
C7：5個です。
T9：では、やってみるよ。
　皆さんは、先生の後に続いて、お話をしてください。
　　①D君は、ビー玉を2個もっています。
　　　（2個のビー玉をしっかり見せる）
　　②E君は、3個もっています。
　　　（3個のビー玉をしっかり見せる）
　　③同時に、袋に入れると、全部で、5個になりました。
　　　（「5こ」と板書する。）
T10：では、一人でお話してみましょう。一人でできたら、お隣の人どうしで、お話してみましょう。
　ビー玉は丸くて転がってしまうので、算数ブロックを使ってやってみましょう。
C8：①D君は、ビー玉を2個もっています。
　　　□□　（2個の算数ブロックを置く）
　　②E君は、3個もっています。
　　　□□□　（3個の算数ブロックを置く）
　　③いっしょに、箱に入れたら
　　　□□□ → ← □□
　　（「両手で寄せ合うこと」や「いっしょ」という表現をしている児童を把握しておく）
　　・全部で、5個になりました。
　　　□□□□□

T11：（子供が水槽に金魚を入れている絵を見せ）2人は、何をしているのかな。
C9：水槽に、金魚を入れている。
C10：女の子が、金魚を3匹入れている。
C11：男の子は、金魚を2匹入れている。
T12：そうですね。このことを、じょうろやビー玉のお話をしたように、算数ブロックを使ってお話してみましょう。
C12：①女の子は、3匹の金魚をもっています。
　　　□□□　（3個の算数ブロックを置く）
　　②男の子は、2匹の金魚を持っています。
　　　□□　（2個の算数ブロックを置く）
　　③いっしょに、水槽入れたら
　　　□□□ → ← □□
　　（両手で、寄せ合っている児童を見付けておく）
　　・全部で、5匹になりました。
　　　□□□□□
　　・「5ひき」と板書する。

手 T9では、ビー玉の数と同時に袋に入れたという事に着目させる。

手 T10で、具体物から半具体物へと置き換え操作させる。

評 C8は、算数ブロックを場面に沿って話しながら操作し、「両手で算数ブロックを寄せ合う場面」であることをつかませる。

評 C8は、操作の意味に基づいて考えている。

評 C12は、C8の児童の反応から類推し考えている。

手 C12の活動を机間巡視し、ブロック操作について指導する。

（3）場面がよく分かるように、式に表わす方法を考える

T13：皆さん、よくできました。しかし、答えに、ただ「5ひき」と書いただけでは、女の子と男の子が何匹ずつ、金魚を入れたのか分かりません。1匹と4匹かもしれないし、2匹と3匹なのかもしれません。どうしましょう。

C13：入れた数も書けばいいと思います。

C14：「3と2で5」のように書けばいい。

C15：「3＋2＝5」とか「3と2は5」って書けばいい。

C16：③，２ → 5ではどうかな。

T14：みんないい考えですね。あわせたりいっしょにしたりすることを「＋」の記号を使って「3＋2」と書きます。そして、全部の数を「＝」でつないで、「3＋2＝5」と書き、「3たす2は5」と読みます。

T15：（自動車が左から1台、右から2台来る絵を黒板に書いて）この絵を見てお話を作ってください。

C17：①左から自動車が1台来ました。　□1
　　　　②右から2台来ました。　□□2
　　　　③合わせると、3台になりました。
　　　　　　□ → ← □□　　□□□

T16：「＋」や「＝」を使って、表せますか。

C18：1＋2＝3です。

T17：1＋2や3＋2のような計算を「たし算」といいます。たし算は、ブロックをガシャンと合わせるときに使います。

まとめ

1 2つのブロックの集まりを、両手で寄せ合う操作活動が、たし算の意味である。【演算の意味の明確化】【基礎的な経験】

2 和だけでなく、問題場面が分かるように、被加数と加数の3つの数を使って式に表わす。【より明確に表そうという態度】【記号化のよさ】

3「あわせて」「全部で」など加法となりそうなキーワードを具体的な操作活動により統合していく。【演算の意味の明確化】

評 加数・被加数を使って加法の式に表わすよさに気付く。

評 C13・C14・C15は、場面をより明確に表わそうとしている。

評 C15・C16は、**記号化の考え**を使って表そうと考えている。

手 T5では、何人かの児童に発表させる。

6　発展的考察

　本時で行った具体的な操作活動は「ひき算の意味指導」の場でも同様に活用することができる。また、「0のたし算」や「0のひき算」の指導場面でも、0を使って式に表わすことのよさについて、本時の学習から類推して考えさせることができる。

第1部　第1学年の指導事例

第2章　第1学年の基礎学力および高次の学力を育てる指導事例　A 数と計算

第5節　どんな数を使えばよいのかな

1　本事例の強調点

　児童が普段の学習の中で取り組む問題は、解決に必要な諸条件がすべて最初から与えられている場合がほとんどである。加えて、教科書に示されている問題においては余分な文章や条件も極力削られており、この結果、児童は「問題に示されている数を既習の演算に機械的に適用すれば正解が得られる」という経験を重ねていくことになる。児童が日常生活の中で起こりうる問題を解決する際には、「解決に必要とするいくつかの情報を予想し判断する」、「その中から真に解決に必要な情報を選び取っていく」という過程を経る必要がある。そのため、「必要な情報を決める」「過不足なく必要な情報を選び取る」「条件、情報が足りない場合は自らその情報を獲得する」という経験を日頃の指導の中でも行っていく必要がある。

　本事例では、比較的長めの文章を用いて条件過剰の問題場面を児童に提示することから**問題の内容を的確にとらえようとする態度**や**事象から数学的な問題を見付けようとする態度**を育てる。また、加法や減法を用いる具体的な場面を考える**具体化の考え方**、加法や減法の意味に基づいて考え必要な条件を決める**演繹的な考え**を指導する。その後、問題場面を変更することで、不足した条件を見出し求める力を育てる。

2　本時の目標

　場面文と題意から、過剰や不足している情報を整理することで問題を明確に捉え、加法を用いられる具体的な場面に適用することができる。

3　準備　　　　　　　　　　　　　　WEB …WEBサイトからダウンロード可

・問題場面と問題を印刷したプリント（P39の文章）WEB　・のり

4　指導計画（3時間）

第1時　演算決定
　　　・問題文を読み、それぞれどんな式を立てればよいかを考えて解決する。
第2時　作問活動
　　　・絵を見て作問し、解決する。
第3時　条件過剰、不足の問題（本時）
　　　・条件過剰、不足の問題を考え、必要な条件から正しく立式し、解決する。

第1学年の指導事例　第1部

5　展開

考 数学的な考え方　評 評価　手 手立て

（1）問題場面の把握をする

> すすむさんのはんは、ぜんいんで4にんです。みんな5こずつきゅうこんをもらってチューリップをそだてています。

> 2じかん目に水をあげにいくと、あきこさんのプランターでは4つの花がさいていました。

> としきさんのプランターでは5つのきいろい花がさいていました。

> すすむさんのプランターではきいろい花が2つ、白い花が1つさいています。

> りょうこさんのプランターでは3つの花がさきました。

　児童に上の場面文（実際には、児童の実態に合わせて漢字表記や分かち書き等の工夫を行う）を1センテンスずつ短冊で用意して順次黒板上に掲示し、各自読み、指名読みを行う。
T1：今日はこの文章を読んでどんなことが分かりますか。
C1：チューリップが咲いたよ。
C2：黄色と白いお花がある。

手 いろいろ自由に発言できる雰囲気をつくる。

（2）問題を解決することを通して条件過剰の場面から適当なものを選び出す

T2：（場面文と問題1、2が印刷されたワークシートを配り、）それでは、問題1から考えていきましょう。

> もんだい1　すすむさんのプランターの花はあわせていくつでしょうか。

C3：4＋2＋5…
C4：すすむさんのプランターのことはどこにかいてあるんだろう。
C5：2＋1＝3　答え　3つ
T3：それでは、問題2を考えましょう。

> もんだい2　女の子の花の数はあわせていくつでしょうか。

C6：文が長くてわからない。
C7：女の子は、あきこさんとりょうこさんだから、4＋3＝7　答え　7つ

手 C3のような文中の数を全て足し始める児童には、問題文を再度確認するよう指示する。

※児童に配布する場面文は、下部に余白を残す

評 C7は、問題を明確に捉えようとしている。

（3）解決の検討を行う過程で、問題場面が条件過剰である場合の解決方法を考える

（各自の解決の図や式を発表用ボード等に記入させ、学び合いの中で、正しい図や式や答えになっているかを考えさせる。）

T4：この２つの問題は、式ができるとみんな間違いなく計算ができていましたね。でも、式を作るまでが大変だった友達が多いようです。なぜだろう？

C8：文章が長くて読めなかった。

C9：式を作るのに必要なことが見付けにくかったです。

C10：すすむさんのことや、女の子の花のことじゃないこともたくさん書いてあった。

T5：例えば、問題１の時は、どんなことが分かれば式が作れましたか。

C11：すすむさんの花のことが書いてあるのは４つ目だけだから、そこを見ればよいです。

T6：他の部分は？

C12：すすむさんの花の数を考えている時はいらないと思います。

T7：ここだけあれば問題１は考えられますか。
（黒板上の場面文の４つ目だけを残し、他を外して確認する。）

C13：これだけで、２＋１＝３の式が作れます。

T8：それでは、この問題は最初からここだけあればよかったのですね。

C14：でも、問題２を考える時はあきこさんとりょうこさんの花の数が必要でした。

T9：（２つ目と５つ目の文章を板書に戻し）、問題２の時はこれで式が立てられますか。

C15：できるけれど…

C16：問題２だけなら、すすむさんの話はいらないと思います。

T10：（板書上の場面文を２行目と５行目だけにし、）問題２ならこの文だけで考えられたのですね。

T11：（場面文を全部板書上に戻し、）でも、こうやって問題にいらない部分だけを外したり、必要なところだけ残したりすることは難しいですね。こんな時はどんなことに気を付ければうまく問題がとけるでしょうか。

C17：その問題に必要なことをしっかり見つけるとよいと思います。

C18：問題を読んでから、もう一度、文を読んですすむさんのことが書いてある場所を見付けました。

C19：問題２の時は、女の子のことが書いてあるところに印をつけました。

考 T6 は、問題を明確に捉えさせようとしている。

考 C13 は加法の意味から**演繹的**に考えている。

考 C16 は問題を明確に捉えようとしている。

評 C17・18 は問題を明確に捉えようとしている。

（4）条件不足の問題を解決しようとすることで、必要な情報を求めていくことを考える

T12：では、次の問題3を考えてみましょう。（問題3を提示）

> もんだい3　すすむさんのはんでは、ぜんぶでいくつの白い花がさいたでしょうか。

C20：1つ！
C21：本当に1つでいいのかな？
T13：1つと答えてくれた人と、悩んでいる人がいますね。悩んでいる人は、どんなことを悩んでいるのでしょうか。
C22：お花の色は、すすむさんのしか書いていないからです。
C23：あきこさんや、他のお友達の花にも白いチューリップが咲いているかもしれないです。
C24：今のままではわかりません。
T14：それでは、今分かることの他にどんなことが分かればすすむさんの班の白い花の数がわかるでしょうか。ノートに書いてみましょう。
C25：すすむさんの他に花がさいているのはあきこさんと、としきさんとりょうこさんだから、この3人の花の中から白いものの数が分かればいい。
C26：としきさんは5つの黄色い花が咲いている。もらった球根は5個ずつだから、としきさんの白い花は0こだ。
T15：それでは、今分かることの他にどんなことが分かればすすむさんの班の白い花の数が分かるでしょうか。
C27：あきこさん、りょうこさんの白い花の数です。
T16：なるほど、実はその2人の白い花の数がそれぞれどうなっているか調べてあるのです。
（以下の文が書かれた場面文を板書上に追加する。）

> みんなの花の色をしらべてみると、あきこさんは3つ、りょうこさんは1つの白い花がさいていました。

T17：では、ここから必要なことを使ってときましょう。
C28：1＋3＋1＝5　答え　5つさいている

まとめ

1. 必要なことだけをえらぼう。【明確にとらえようとする】
2. 計算に必要なことを考える。【演繹的な考え】

> 評 C21～23は問題を明確に捉えようとしている。

第1部　第1学年の指導事例

第2章　第1学年の基礎学力および高次の学力を育てる指導事例　AJ 数と計算

第6節　順序数のたし算とひき算

1　本事例の強調点

　集合数と順序数については、個数や順番を正しく数えたり表したりする活動を通して、「いくつ」なのか「何番目」なのかということを明らかにし、関連づけながら学習している。また、加法や減法については、加法では増加と合併、減法は求残と求差について、その用いられる場面とともに演算の意味理解をしてきている。

　本事例では、順序数を含んだ問題場面を取り上げ、式を立てて問題を解決することで、順序数を含む加法と減法の理解を図る。上述の既習事項を踏まえ、集合数と順序数の違いを意識しながら、知りたいことをはっきりさせ、どうすればよいかを考えさせていく。集合数の加法・減法の意味、順序数の意味は既習である。本時では、「なぜ、順序数を含む問題も加法や減法で計算することができるのか」を明らかにする（**自己の問題や目的・内容を明確にする**）ことで、順序数の理解を深める。問題場面を図で示し（**図形化・記号化の考え方**）、式と図を関連づけながら場面を理解することを通して、問題作りに取り組ませる。既習である集合数を使った加法と減法と同様に、順序数を含んでいても加法と減法が適用できる（**統合的な考え方**）ということを明らかにする。そして、加法は二つの集合を合わせた集合の要素の個数を求める演算であり、減法は一つの集合を二つの集合に分けたときの一方の集合の要素の個数を求める演算であるということが理解できるようにする。

2　本時の目標

　順序数を扱う問題場面について、順序数と集合数を関連づけながら解決する活動を通して、順序数の理解を深める。

3　準備

・ノート　　・問題2問（P43、P44）掲示用

4　指導計画（3時間）

既習事項：集合数の加法・減法の意味、順序数の意味
第1・2時　順序数の加法と減法の意味（本時は第1時）
第3時　　　加法・減法（順序数を含む）の演算決定

第1学年の指導事例　第1部

5　展開

考 数学的な考え方　評 評価　手 手立て

(1) 図を描くことで問題場面を捉え、式を立てる

T1：では、今日の最初の問題です。

> りささんは、前から5番目にいます。かおりさんは、りささんの後ろ5番目にいます。かおりさんは、前から何番目にいるでしょうか。

T2：式はどうなるかな。
C1：「合わせて」という言葉がないよ。
C2：「のこりは」という言葉もないよ。
T3：問題の言葉に注目したのですね。でも、今まで注目していた言葉がない。
C3：たし算でもひき算でもなさそう。
T4：よく分からないんだね。どうしてよく分からないのかな。
C4：番目というのがよく分からないから。
T5：番目というのがよく分からなくて、式が分からないんだね。
C5：でも、答えなら分かりそう。
T6：では、答えはどうなるかな。
C6：10番目だと思う。
T7：どうしてそう思ったのですか。
C7：頭の中でイメージしたら、分かりました。
C8：図に描くと分かるかもしれない。
T8：では、図を描いてみましょう。
C9：○○○○● ○○○○●
　　　5人　りささん　5人　かおりさん

T9：この図の説明をしてください。
C10：りささんは、前から5番目にいるから、4人かいてその後ろがりささんになります。かおりさんは、りささんの後ろ5番目だから、りささんの後ろに4人かいてその後ろがかおりさんになります。
T10：一列に並んでいて、先頭からりささんまで5人かいて、その後ろにかおりさんまで5人かいたのですね。この図を見ると、答えが分かるんだね。
C11：かおりさんは、前から何番目かを知りたいから、一番前からかおりさんまでを数えればいい。
C12：答えは、10番目になります。

(2) 順序数を含む問題が加法と減法で捉えることができる理由を考える

T11：式に書けないかな。どことどこを数えたのかを考えながら、式を立ててみましょう。

考 C8は、図形化・記号化の考え方である。
手 C9は、自力で描くことが難しい児童には、問題に沿って○を描かせていき、問題場面を捉えさせていく。

考 T11は、自己の問題や目的・内容を明確にするための手

C13：りささんまでの５人とその後ろのかおりさんまでの５人を数えて…最初から、数えて答えを出した。
C14：５＋５になります。
C15：この式でいいのかな。
T12：この式でよいわけを考えましょう。
C16：図で考えると、５番目というのはそこまでに５人いることになります。りささんまでの５人とかおりさんまでの５人がつながっているから５＋５で10人になります。
C17：図で考えると、〇番目までのところにはその数と同じだけ人数がいることになると分かります。
C18：〇番目も〇人いると同じように考えることができるから。
C19：図を見ると、５と５を合わせているからたし算になります。
T13：５番目というのは、そこまで５人いるということで、合わせているから、この〇番目というのもたし算になるのですね。
C20：おもしろいな。
C21：こんな問題もたし算で答えが分かるんだ。
T14：では、次の問題です。どんな式になるでしょうか。

> ぜんぶで12人ならんでいます。たろうさんは、前から５番目です。たろうさんの後ろには、何人いるでしょうか。

C22：これも〇番目の問題だ。
C23：たし算でできるかな。
C24：12＋５かな。
C25：何か変な感じがするよ。
T15：どうすれば、式が分かりそうですか。
C26：また、図にかいてみれば分かりそう。
T16：では、図をかいてみましょう。
C27：
（12人の図：〇〇〇〇●〇〇〇〇〇〇〇　？人）

C28：図を見ると、答えは７人になります。
T17：式は分かりそうかな。
C29：たろうさんまでの５人を抜いた数がたろうさんの後ろにいる人数になります。だから、12－５＝７だと思います。
T18：この式でよいですか。
C30：たし算のときと同じように、５番目というのは、そのたろうさんまで５人いるということになります。
C31：たろうさんまでの５人を抜かして数えればいいから、その分をとればいいということになります。だから、ひき算

立てである。

評 T12は、図形化・記号化の考え方である。
手 C16は、５番目というのは、５人いるということを確認する。

手 T13は、「合わせる」場合はたし算になるということを確認する。

評 C21は、統合的な考え方である。

評 T15は、類推的な考え方、図形化・記号化の考え方である。

評 C29は、筋道立てた考え方である。

評 C31は、統合的な考え方である。

でいいと思います。
T19：5番目というのは、そこまで5人いるということ。知りたいのは、この5人の後ろに何人いるかということだから、5人をとればよいということなんですね。とるからひき算でいいんだね。
C32：たし算とひき算ってすごいんだね。
T20：そうだね。○番目という問題も図を描いて考えたら、たし算やひき算で答えが分かるということを学習しましたね。

🖐T19「とる」場合はひき算となることを確認する。

まとめ

1. 場面を図に描くことで、その場面の様子が分かり、式を立てることができた。【図形化・記号化の考え方】
2. 何番目の問題も、合わせているから、たし算の場面であり、たし算になると考えた。【統合的な考え方】
3. 何番目の問題も、とっているから、ひき算の場面であり、ひき算になると考えた。【統合的な考え方】

6 発展的内容

　本事例に続く第2時では、式に合う順序数を含んだ問題を考える。○番目や○人という言葉を使って、一列に並んでいる場面のたし算やひき算を使って解くことができる問題を作る。児童一人ひとりに 7＋8 と 15－7 の2枚のカードのうち1枚を配布する。問題を考えたら、図を描いて、式と合っているか確認させる。児童は、増加と合併と順序数を含んだ加法、求残と求差と順序数を含んだ減法の問題を作ると考える。このような児童の考えの中から4種類（増加もしくは合併と順序数を含んだ加法、求残もしくは求差と順序数を含んだ減法）を取り上げ、板書する。順序数の問題には、以下のような問題が予想される。

7＋8の問題　ちひろさんは前から7番目です。後ろに8人います。みんなで何人いるでしょうか。

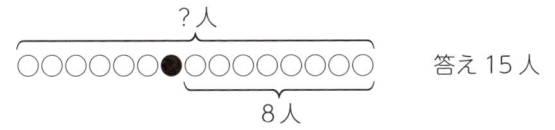

　　　　　　　？人
　　○○○○○○●○○○○○○○○　答え15人
　　　　　　　　　8人

15－7の問題　全部で15人並んでいます。たろうさんは、前から7番目です。たろうさんの後ろには、何人いるでしょうか。

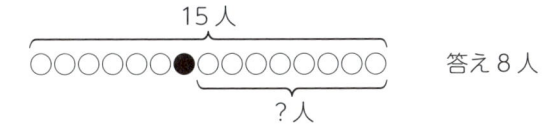

　　　　　　15人
　　○○○○○○●○○○○○○○○　答え8人
　　　　　　　　　？人

　そして、これらの問題について、図と関連づけながら、問題文が式と合っているかを確認させる。このように、式から問題文、図、さらに式へと関係づけることで、順序数の意味の理解を確かにする。

第2章 第1学年の基礎学力および高次の学力を育てる指導事例　AJ 数と計算

第7節　0のたし算

1　本事例の強調点

　児童はこれまで、加法が用いられる場面として「合併」「増加」を知り、具体的な操作を通して加法の式に表すことができることを学習してきている。合併と増加の場面をブロックなどの半具体物を使って表す活動を通して、加法は2つの集合を合わせた集合の要素の個数を求める演算であることを確かめた。ここでは、一方の集合の要素が0（空集合）の場面を扱う。これまで、2つの集合にはそれぞれ幾つかの要素があると仮定されてきた。要素のない0を含む場合でも、場面が同じであるならば、これまで通り加法の式で表すことができる。そうすることで、数が幾つであるかに関係なく加法が用いられる場面は、例外なく加法の式で表すことができると、たし算の意味を拡張する。

　本事例では、加法が用いられる場面を確かめることから導入し、一方が0であっても、加法の場面であると見なせば、同様に加法の式に表せるのではないかと想起させる（**類推的な考え方**）。また、0を使って式に表すよさとは、問題場面を簡潔・明確に表せること（**記号化の考え方**）や、式を見て具体的な場面が分かること（**式についての考え**）である。つまり、式を「答えを求めるための式」という見方から、「関係を表すための式」という見方をさせていく。本事例では、具体的な場面と式を相互に関連させながら、式に表すよさを実感させることにした。

2　本時の目標

　加法が適用できる場面から類推して、一方が0になる場合でも同じように加法の式に表せることを理解し、0を使って式に表すことで、問題場面を簡潔・明確に表せたり、具体的な場面を想起できたりするという式のよさを確かめることができる。

3　準備　　　　　　　　　　　　　　WEB …WEBサイトからダウンロード可

場面のイラスト4枚 WEB …赤チーム（男子3人・女子2人）・
　　　　　　　　　　　緑チーム（男子2人・女子4人）
　　　　　　　　　　　青チーム（男子6人・女子0人）・
　　　　　　　　　　　黄チーム（男子0人・女子4人）

4　指導計画（6時間）

第1時　　　合併の場合についての意味と式の表し方を考える。
第2時　　　増加の場面についての意味と式の表し方を考える。
第3・4時　和が10以内の加法計算と文章問題を通して加法の意味理解を深める。
第5時　　　0を含む加法の意味について考える。（本時）
第6時　　　問題づくり

第1学年の指導事例 第1部

5 展開

考数学的な考え方 **評**評価 **手**手立て

（1）加法の式の復習

T1：これまで、たし算について学習してきました。さて、これから出す問題は、どのような式になりますか。
　まずは、赤チームです。男の子と女の子、合わせて何人でしょう。
C1：「合わせて」なので、たし算という事は分かるけれど…。
C2：男の子と女の子の人数が分からないので、式にできません。
T2：男の子と女の子の人数が知りたいのですね。それでは、赤チームの絵を見せるので、よく見て下さい。
　（図1を隠し提示する。初めは、数秒見せ隠す。）
C3：よく見えなかったので、もう一度見せて下さい。
T3：ではもう一度見せます。
　（今度は、少し長めに見せて隠す。）
C4：分かりました。5人です。
T4：どのような式になりますか。
C5：3＋2＝5です。

（図1）

T5：なぜ、そのような式になるのですか？
C6：男の子は3人、女の子は2人、そして「合わせて」とあるのでたし算の式にしました。
T6：合わせて5人とういうことですね。それでは、確かめてみましょう。（隠していた画用紙を取って確認をする。）
C7：やった！
T7：たし算の式に表わして、全部の人数を求めることができましたね。では、次は、緑チームです。
　同じように、どのような式になるのか考えてください。
　緑チームは、男の子と女の子、合わせて何人いるでしょう。
　（赤チームと同様に、一瞬だけ見せる。）
C8：6人です。
C9：男の子が2人と女の子が4人いました。
C10：男の子が2人と女の子が4人なので、2＋4です。
C11：2＋4＝6で全部で6人です。
T8：では、確かめてみましょう。確かに、男の子が2人と女の子が4人、全部で6人いますね。

（2）具体的な場面から0のある加法の式を考える

T9：次は、青チームです。
　さて、青チームは、男の子と女の子、合わせて何人いるでしょうか。どんな式になるのでしょうか。
　（同様に、一瞬だけ見せて、すぐに隠す。）
C12：あれ、男の子しかいません。

考T1の発問は、式に表わすよさを感得させるという本時の**学習内容を明確にするためのもの**である。

手T2については、全部を見て1つ1つ数えようとする方法が出てくることを避けるため、問題場面を隠して提示する。

手C5の発言は、式化を促す発言なので、板書で残しておくようにする。

考T5の発問は、**筋道立てて考えることを促すためのもの**である。

C13：女の子がいません。
T10：さあ、どのような式に表わしたらよいかな。
C14：たし算の式に表わせないよ。
C15：女の子を0にすればいいのでは？
T11：どういうことですか。詳しく説明してください。
C16：女の子がいないということは、0人ということなので、女の子の人数を0にすれば、たし算にすることができます。
T12：どのような式になりますか。
C17：6＋0＝6です。
C18：0＋6＝6でもいいのでは。
T13：6＋0の6は、何の数ですか。
C19：6は男の子の人数です。
T14：＝6の「6」は、何の数ですか。
C20：男の子と女の子を合わせた人数です。
T15：0を使うとたし算の式に表わすことができるのですね。他に、便利なことはありますか。
C21：男の子が何人で、女の子が何人か分かります。
C22：0があっても、答えはすぐに分かります。
T16：どういうことですか。
C23：例えば、6（＝全部の人数）だけしか書いていなかったら、男の子が0人で女の子が6人のチームかもしれないし、男の子と女の子が3人ずつのチームかもしれません。
C24：6＋0＝6と書いていた方が、男の子の人数も女の子の人数も分かるので、0でも式にした方がよいです。
T17：なるほど。たとえいなくても、0を使ってちゃんと式に表していた方が分かりやすいね。

(3) 0のある加法の式から具体的な場面を考える

T18：最後は、黄チームです。黄チームの男の子と女の子を合わせた数を求める式は、このような式です。
　　　　　0＋4＝4
　　　この式を見て、黄チームの男の子と女の子は何人いるのか、ノートに書いてみましょう。
C：（ノートに男の子と女の子の人数とその理由を書く）
T19：どのように考えたのか、発表して下さい。
C25：男の子が0人、女の子が4人、全部で4人のチームです。
C26：私は、男の子が4人と考えたのだけれど。
T20：どうして、そのように思うのですか。
C27：0＋4の0は男の子の人数、4は女の子の人数を表しています。たし算の答えは、チームの全部の人数を表しているので、男の子0人、女の子4人、全部で4人のチームです。
C28：黄チームは、女の子だけのチームだということが分か

考 T10は、0を使えばこれまでと同じようにたし算の式に表せるというたし算の拡張を促す発問である。

評 C16、17、18については、たし算の意味を拡張した考えである。（類推的な考え方）

評 C16、17、C18は、0を用いて場面を明確に表そうという記号化の考え方のよさである。

考 T15は、0を使った式のよさを引き出すための発問である。（記号化の考え方）

評 C23、24は、0を使って式に表すよさを筋道立てて説明しようとしている。

考 T18では式だけを見せることで、具体的な場面を考えさせる。（式についての考え）

手 絵や図、言葉でもよいことにする。手が止まっている児童には、男の子・女のの子のイラストを渡し、操作しながら考えさせる。

評 C28、C29については、式に当てはまる具体的な場面をよみとっているため、式をよむ考えとみられる。それと共に、式

ります。青チームの式6＋0の場合は男の子だけのチームだったので、0＋4はその反対になので、そう思いました。

T21：C28さんは、青チームの式と比べて考えたのですね。それでは、黄チームはどうなっているのかを見てみましょう。
黄チームのイラスト（女の子4人の場合）を提示する。

T22：しかし、これも正解です。
（男の子が4人のイラストを示す。）
男の子か女の子だけのどちらかはいないチームという事が分かりました。

T23：0を使って式に表わすと、チームの男の子と女の子の人数が分かりやすくなることが、分かりましたね。

に表すよさを理解している発言である。

まとめ

1 0を使う場面でも、これまでと同じようにたし算の式に表すことができる。【類推的な考え方】

2 0を使って式に表すことで、どのような場面なのかを具体的に表現することができる。【簡潔・明確に表そうとする態度】【記号化の考え方】【式についての考え】

---

6 発展的考察

　本事例に続くひき算の単元の第4時では、0を使ったたし算を基にして、0を含む減法を学習する。減法を適用できる場面（求残・求差）を知り、具体的な操作を通して減法の式に表すことができることを学習する。減法が適用できる場面とは、「1つの集まりから、その一部分を取り除いたときの残りの大きさを求めるときに用いる演算であり、2つの集まりの大きさの違い（差）を求めるときにも使われる演算」としてまとめていく。そのため、取り除く大きさが0であったり、違いを比べる一方の大きさが0であったりする場合は、減法を適用する必要性がなくなる。

　しかし、0を使ったたし算でたし算の意味の拡張を行っていれば、0を使った減法も成り立つことを類推して考えることができる。すなわち、減数が0であっても、減法が適用できる場面として同じであるならば、同様に0を使ったひき算で表すことができるとするのである。また、0を使って式に表すよさを学習したことから、減法においても「なにも取らなかった」や「差がなかった（大きさが同じだった）」という2つの集合の要素の関係を、0を使って式に表すことで、場面を簡潔・明確に表すことができることを確かめることができる。0を含む減法の学習においても、式は答えを求めるためだけではなく、2つの数の関係を表すことができるという式のよさを、具体的な場面と関連付けながら実感させていく。

第1部 第1学年の指導事例

第2章 第1学年の基礎学力および高次の学力を育てる指導事例　B 量と測定

第8節 かさくらべ

1 本事例の強調点

　量の大きさくらべでは、これまでの生活の中で、ケーキを切り分けたり、ジュースを分けたりするといったことから、大小を視覚的、体感的に、また直接比較や任意単位のいくつ分かなどによって判断する素地的な経験をしてきている。第1学年では、こうした個々の体験をもとに、第2学年以降に用いられる量の単位による測定の前段階として、長さ、広さ、かさなどの加法性や保存性といった量の意味や任意単位を用いた測定の基礎的な体験をすることをねらいとしている。

　本事例では、かさの大きさくらべが必要な場面で、どこに目をつけ、どう考えたら大きさが比べられることができるかという目的意識をもつ（**自己の問題や目的・内容を明確にする**）ところから導入する。その際、前時までの既習の長さくらべで、直接比較ができないという問題場面が共通していることや、そこで任意単位を用いて測定をしたことを想起し、これらから類推してかさの大きさくらべの見通しを立てたり、任意単位のいくつ分と数値化したり（**類推的な考え方・数量化の考え方**）して大きさの違いを明確に表し、比べていくことを取り上げる。こうした類推的な考え方により児童自らが発展的に考え、他学年での量の理解や測定について学習を進めていけるよう既習を基に考えることや数理的な処理のよさを追求していく活動を大切にする。

2 本時の目標

　かさの大きさくらべを既習の長さくらべから類推して、任意単位のいくつ分で、その大きさを数値化してとらえ、大きさの違いを明確に表して比べられるようにする。

3 準備

- 高さや太さの異なる1L以下の4つの容器（水筒、ビン、ペットボトルなど）児童数分
- 200mL紙コップ（10個入り包み）　・お盆　・バケツ　・雑巾（グループ数分）
- いくつ分の長さくらべの学習記録のあるノート　・教卓での操作用に上記用具一式

4 指導計画（8時間）

第1・2時	長さの直接比較、間接比較
第3時	任意単位による長さの数値化とそれによる比較
第4時	かさの直接比較、間接比較
第5時	任意単位によるかさの数値化とそれによる比較（本時）
第6・7時	広さの直接比較、間接比較による比較と数値化
第8時	まとめと練習

第1部 第1学年の指導事例

5 展開

（1）課題を捉え、既習の長さ比べからの類推によりかさのくらべ方を予想する

（赤600mL）（青800mL）

T1：（図1を示し）水の入った2つの水筒があります。遠足に水がたくさん入る方を持っていきたい。どうしたら分かるでしょう。

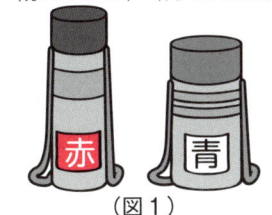

（図1）

C1：赤い方が高くて大きいから、赤の方がたくさんだと思う。

C2：青の方が太いから、たくさん入っているかもしれない。

C3：この前のように、ほかの大きなコップに中の水を入れてどちらがたくさん入っているか調べれば分かるよ。

T2：見ていただけでは分らないから、どちらがたくさん入っているか中の水のかさを調べてほしいけど、今日は前の時間に使った大きなコップがないんです。他のくらべ方はないのだろうか。前にどんなくらべ方をしたか、ノートに書いてないかなあ。

C4：長さくらべのとき、いくつ分でくらべていた。

C5：水筒のふたのコップで何杯あるか調べたら、どのくらい水が入っているかわかるかもしれない。

C6：でもふたは1つだから、1杯目を捨てないと2杯目が入れられないよ。

T3：C5さんのくらべ方は、このままではできないね。どうしたらできるようになるだろうか。

C7：同じふたのコップがいくつもあればできる。

C8：大きくなくても、小さいコップがいくつもあればできる。

T4：それだと、どうしてできるんですか。

C9：小さいコップに水筒の水を入れていって、どっちの水筒の方が、コップがたくさんになるか調べればいい。

T5：ここには大きなコップはないけれど、紙コップならたくさんあります。（用意した紙コップの包みを見せ）これを使って水のかさが調べられますか。

C10：それならできる、やってみたーい。

T6：ではこのコップを使って、どうやれば水のかさの多い方が調べられるかな。グループのお友達と話し合って、グループで調べられるようにしましょう。コップに入れる量はみな同じ量にしましょう。（10個入のコップの包みを配る）

C11：赤い方の水筒の水がコップでいくつになるか調べて、青い方の水もコップでいくつになるか調べる。

C12：水の入ったコップを並べれば、どっちのかさがたくさんかすぐ分かるよ。

考 T1・T2は、自己の問題や目的・内容を明確にするためのものである。

手 T2〜T4で、見た目だけでは判断できない場面であることの確認、**既習を基に考えようとする態度**を認め促すようにする。

考 T3・T4は、大きさくらべという共通場面から、長さくらべから**類推的に考え**、くらべ方の見通しを立てさせていく発問である。

手 既習を基にしたC4のような発言には、その根拠となるノートの記録箇所を各自のノートで確認させる。

評 C5〜C9は、長さくらべから**類推的な考え方**をしているとみられる。

考 T5・T6は、具体的なコップを用いたくらべ方の操作の手順に見通しを立てるという**目的意識**を明確にした話し合いをさせていく発問である。

評 C12、C13は、自他の思考や結果を評価し洗練しようとする態度、また、C13は、任意単位によるいくつ分で長さくらべをしたことからの**類推的な考**

51

C13：コップは並べなくても、赤と青のコップの数を数えれば、数が大きい方がかさがたくさんあると分かる。

(2) 予想に基づいて、グループごとにかさくらべをする
T7：各グループで、水筒を2本出して、どちらがたくさん入っているか、いま話し合ったグループの考えで調べられるかやってみよう。調べて分かったことは、ノートに書いておきましょう。

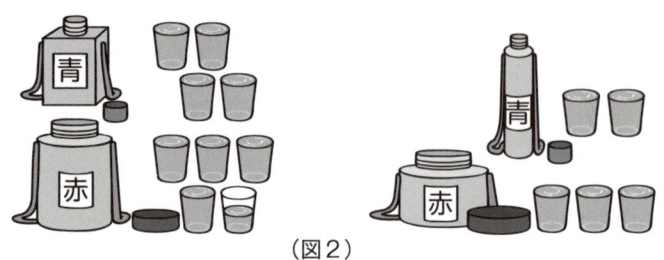

（図2）

C14：（図2）水を入れたコップを並べて置けば、くらべやすいよ。
C15：（図2）コップを並べるのに水がこぼれそうで大変だ。すぐそばに置いて、コップの数で言った方が簡単。青がコップ4つ、赤が4つ分とあと半分だからが半分多いよ。

(3) 分りやすいかさくらべのしかたを話し合い検討する
T8：（どのグループも操作できたところで教卓の赤と青の水筒を示し）では、どのようにしたら、このどちらの水のかさがたくさんか調べられますか。（説明するグループを指名する）
C16：赤い方の水筒の水をコップに入れて、3つ分あるとわかります。つぎに青い方の水筒の水もコップに入れると4つ分でした。そうすると赤の方が3つ分で青の方が4つ分だから、青の方がたくさん入っていると分かります。（図3）

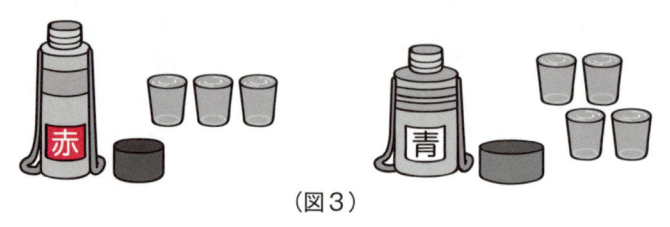

（図3）

T9：この調べ方はどうですか。付け足しとか、まだ他にもいえそうなことがありますか。
C17：それで青の方がたくさんだと分かるからいいと思います。それとコップで1つ分だけ多いというのも分かりました。
T10：ほかのグループも、この調べ方と同じでしたか。
C18：コップの数は違ったけど、調べ方は同じだったよ。
C19：私（C14）のグループはコップを並べて、長くなった

え方や数量化の考え方をしているとみられる。

考 T7は、話し合いで立てた見通しを、実際の操作で**具体化**させていく発問。
手 グループ持参の4つの容器に赤・青・黄・緑のビニルテープを貼り、赤と青の容器について調べさせる。コップは、200mLの所に印をつけ水を入れる際の目安とする。

評 C15は、任意単位のいくつ分による**数量化の考え方**をしているとみられる。また**数値化**することで、くらべる手間が省けるという**数理的な処理のよさ**に気づいたとみられる。

手 C15は、コップ1杯分に満たない場合で、このようなときは、半分、ちょっと、ちょっと少ないなどの表現を用いるよう板書で指示する。（図4）

（図4）

評 C19は、自他の思考や結果を評価し洗練しようとする態度

方がたくさんだと言ったけど、前でやったグループの方がいくつ分あると言ったので分かりやすかった。いくつ分多いも言えるから、くわしくて分かりやすくなっていた。

T11：みんながグループで調べた水のかさは、ノートにどのように書いてあるかな。分かりやすいように書けているかな。

C20：（グループで調べた水筒を示しながら）青の水筒には、コップで3つ分、赤の方は4つ分で1つ分多いと書いた。

T12：では、みんなのノートに調べた水筒の水がどれだけ入っていたか、どれだけ多かったかも書いておこう。
（C15：ノート記入例）

> しかくすいとう　コップ4つぶん
> まるすいとう　　コップ4つぶんとはんぶん
> まるいすいとうが、コップのはんぶんだけおおい。

T13：まだ調べてない黄色と緑の水のかさも調べて、グループの中で一番たくさん入っているもの見つけられるかな。

C21：黄色と緑は2つとも、コップ2つ分とあと半分で同じだ。1番は、コップ5つ分の水筒で、青の水筒よりコップ1つ分多かった。

C22：魔法瓶の水筒は大きいけど、入っている水はペットボトルの方が多くて、さっきのよりコップ2つ分多かった。

T14：では今日の水のかさくらべで、分ったことや考え方でよかったと思うことをまとめましょう。

まとめ

1. 水のかさは、長さくらべのときのように、コップをつかっていくつ分であらわせる。【類推的な考え方】
2. 水のかさは、「コップでいくつ分」と数でいうと、数の大きさでかさくらべができる。【数量化の考え方】
3. いくつかやりかたがあったら、かんたんにつかえて、分かりやすいものにする。【一般化の考え方】【自他の思考や結果を評価し洗練しようようとする態度】

がみられる。

手 T13は、水のかさを任意単位のいくつ分で比較できること、またかさを数値化して表せるこを学習したところで、**類題**として他の容器の水のかさも数値化して表せることを確かめ、**理解の一般化**を図る。

評 C21・C22は、これまでの任意単位のいくつ分による間接比較や数値化して表すことから**類推的な考え方、数量化の考え方**を用いて、水のかさの間接比較の仕方をまとめているとみられる。

5　発展的考察

　本事例に続く第6・7時では、広さくらべを学習する。2つの平面の広さを重ねて直接比較できない場面において、長さや本時のかさくらべなどを基にした類推的な考え方により、任意単位のいくつ分で数値化して広さを表したり比べたり、どれだけ広いかを求めたりする学習活動を展開することになる。

第1部　第1学年の指導事例

第2章　第1学年の基礎学力および高次の学力を育てる指導事例　B 量と測定

第9節　時計のしくみと時刻

1　本事例の強調点

　児童は日常生活の中で、時刻と時間の意味について意識することが少なく、明確には区別できていない。しかし、何時に授業が始まるのか、休み時間は何分間か等、時刻と時間を言ったり聞いたりする経験を積んできている。また、時計の読み方や表し方をある程度理解している児童もいる。そのような児童の生活経験を生かして時計の学習を進めていきたい。時刻や時間をアナログ時計の針の位置や動きで可視化できるよさを生かし、時刻と時間の違いを明らかにしたり、時間の計算に役立てたりできるよう、時刻と時間の感覚を養う指導が大切になる。

　本事例では、日常生活を送るうえで時刻を使っていることを確認し、時計の便利さと構成要素（文字盤・長針・短針）について考えさせる。正時の時刻を確認する中で、その時の長針と短針の位置について、きまりを見つけていく（**帰納的な考え方**）。何時半の時刻では、二つの針を同時に捉える必要があり、時刻が容易に読み取れなくなる。そのため、まず長針が6を指すとき何時半になることをおさえ、何時であるかに問題の焦点を絞る。そして、時計模型の操作を通して、長針と短針の関係と回る向きを確認する。短針を挟む二つの数字のどちらが何時を示しているのかを、すでに分かっている針の回る向きを基に考えさせ、説明させていく（**筋道の立った行動をしようとする**）。

2　本時の目標

　生活の中で時計を使って時刻を確認していることに気付き、時刻と時計に関心をもつ。また、アナログ時計は長針と短針の位置によって、時刻を表していることを知り、時刻と時計の針の位置のきまりを、筋道を立てて考えたりして、何時・何時半と読んだり表したりすることができるようにする。

3　準備

WEB …WEB サイトからダウンロード可

- 教師用大型時計模型2台（短針長針が連動していないものとしているもの）
- 児童用時計模型（短針長針が連動しているもの）
- 場面絵 **WEB** （右図）

4　指導計画（4時間）

第1・2時　何時・何時半の時刻の読み方と表し方を考える。
　　　　　（本時第1時）
第3・4時　分単位での時刻の読み方と表し方を考える。

第1学年の指導事例　第1部

5　展開

考 数学的な考え方　評 評価　手 手立て

（1）時計で時刻が分かることと、時計の構成を確認する

T1：みんなは、朝何時に起きますか。
C1：7時です。
C2：7時20分です。
C3：7時30分です。
T2：今日は、先生が何時に何をしているのか当ててください。（①を掲示する）
C4：朝起きた絵だけど、絵だけでは何時かわかりません。
T3：なるほど、時計があれば分かるのですね。では、これで何時かわかりますね。（図1）
C5：数字しか書いてないから分かりません。
C6：針がないから分かりません。
T4：そうですね。2本の針がありましたね。
C7：長さの違う、短い針と長い針があります。
T5：それぞれ長さも違うのですね。

（2）時計を見て何時であるか考える

T6：では、これが起きた時刻です。（図2）
C8：5時です。
T7：そうです。5時に起きました。
　よく分かりました。では、これからいくつかの絵を見せますから、何時に何をしているところか、お話をしてください。
C9：6時に朝ご飯を食べています。（②を掲示する）
C10：7時に家を出て学校に行くところです。（③を掲示する）
C11：10時に授業をしているところです。（④を掲示する）
C12：12時に給食の準備をしているところです。（⑤を掲示する）
C13：1時に掃除をしているところです。（⑥を掲示する）
C14：7時に夜ご飯を食べているところです。（⑦を掲示する）
C15：家を出たのも7時でした。7時が2つになって変です。
C16：朝の7時、夜の7時と言えばよいと思います。前の問題も「朝の〜」、「夜の〜」にすればいいと思います。
C17：12時は朝と夜どちらなのかわかりません。1時も朝でも夜ではないと思います。
C18：昼の12時、昼の1時でいいと思います。
T8：時刻の前に朝・昼・夜と入れると分かりやすいですね。前の問題にも入れておきましょう。
C19：夜の10時に寝るところです。（⑧を掲

手 T1は、日常生活の時刻について話し、関心を高める。

手 T2は、時計のかかれていない場面絵だけを見せることによって、普段自分たちはどのように時刻を確認しているのか思い起こさせる。

手 T3は、未完成の時計を見せることで文字盤や長針、短針などの時計の構成要素を意識させる。

考 T6は、いくつかの時計と時刻を見る中で帰納的に、どのように時計を読めばいいのか考えさせる。

手 T7は、場面絵と時計を合わせて提示し、時刻も確認して記入する。

考 C15・C16は、疑問をもとうとする。

手 T8は、時刻の表し方で、朝・昼・夜の用語について指導す

示する）

これが先生の一日です。

(3) いくつかの時計と時刻から、正時の表し方を考える

T9：先生の一日を紹介しました。時計の針を見て、気付いたことはありませんか。

C20：すべてぴったりの時刻でした。

C21：長い針がすべて12を指していました。

T10：なるほど、いろいろと気付きましたね。どれも長い針は12を指していたのに、なぜ何時か分かったのですか。

C22：どの時計も短い針を見れば、いつも何時の数字を指しているので分かりました。

T11：ぴったりの時刻は、長い針が12を指していて、短い針が何時かを指しているのですね。では、先生の時計で確認してみましょう。

C23：1時、2時、…。

T12：ぴったり何時の時刻を、上手に読むことができましたね。短い針を見れば何時かが分かりましたね。長い針は全く動かさなかったので、時計には長い針は必要ないのでしょうか。

C24：長い針は何分かを表すのだと思います。

T13：長い針は分を表しています。12を指していないとぴったり何時か分からないですね。

(4) 時計模型の針の動きと位置から、何時半なのか考える

T14：こんな時刻は分かりますか。長針の位置が今までとは違いますね。長針は6を指しています。（図3）

T15：さて、何分と言ったらよいのかな。

C25：30分です。

T16：なぜ。

C26：小さなめもりが30あるからです。

T17：そう、長い針が6、真下を指している時は、何時30分、又は、何時半と言います。

（図3）

T18：ではこの時刻は、何時でしょうか。

C27：昼の10時半です。

C28：昼の11時半だと思います。

C29：短い針が10と11のちょうど間でよく分かりません。

T19：短い針がぴったりと数字を指していないから、何時か分かりにくいですね。

C30：長い針が12から6まで動いた分、短い針も一緒に次の数字まで動いたからだと思います。

T20：時計の模型を使って針の動き方を確認してみましょう。

[考]T9は、共通点を考えさせる。抽象化の考えである。

[手]T10は、短針の役割について考えさせる。

[考]C22は、帰納的に考えている。

[手]T11は、正時の表し方を知る。1時から12時までの表し方を教師用の模型時計で確認する。長針を固定して、短針だけを動かす。

[評]C23は、正時の読み方を理解している。

[手]T12は、長針の役割について考えさせる。

[手]T13は、長針が分を表すことを教える。

[考]C29は、問題点を明確に把握しようとしている。

[考]C30は、見通しを立てようとする。

[手]T20は、児童用時計模型を

針の動き方で気付いたことはありますか。
C31：長い針が一周するに従って、短い針も次の数字に動いていきます。
T21：進む速さは違いますが、二つの針は同じ方に同時に動くのですね。
C32：短い針が10と11のだいたい真ん中に来ると、長い針がぴったり6にきます。
C33：10時から長い針を6まで動かすと、短い針が10と11の間を指しました。なので、10時半です。
C34：問題の時刻から、長い針を12まで動かしていくとぴったり11時になるので、11時より前の時刻の10時半だと分かります。
T22：時計の長い針は何分を、短い針は何時を表すのですね。また、短い針が数字の間にあっても何時かが分かりました。何時半になるときは、長い針は6を指していて、短い針は過ぎた数字が何時かを示します。

(5) 時計の時刻を読んだり考えたりする時に大切なことをまとめる

まとめ

1. 短い針をみると何時かが分かる。【知識・理解】
2. 長い針が12を指している時はぴったり何時、6を指している時は何時半になる。【知識・理解】
3. 2つの針は右回りに動く。【知識・理解】
4. たくさんの時計を見たら、時計の読み方が分かった。【帰納的な考え方】
5. 針の動く向きを考えると、短い針がぴったりでなくても何時かが分かった。【筋道の立った行動をしようとする】
6. 長い針が一回りすると、短い針は1つ数字が大きくなる。【関数的な考え方】

使って、時計の針の動きについて具体的な操作を通して理解させる。

考 T21は、実際に時計模型を操作し、針の回る向きを確かめながら、問題の時刻が10時と11時の間であることを理解させる。

考 C34は、分かっていることを使って、考えが正しいことを説明しようとしている。筋道の立った行動をしようとする。

手 T22は、「何時半」の時の針の読み方を教える。

6 発展的考察

長針と短針の二つが同時に動いていることを把握し、読み取っていく作業は難しい。短針が数の間にあるときに何時か捉えにくい場合には、短針のみの時計を使って短針の位置と何時かを考えさせていきたい。第3・4時では、短針は文字盤の数字で何時と読み、長針は分単位で目盛りを数えて読むことをおさえていく。長針の目盛りの読み方につまずく児童には、分時計で長針だけを操作させ、1目盛り1分を定着させていきたい。

最近の児童の身の回りにはデジタル表示の時計が多く、それに慣れている。そのことも踏まえ、デジタル時計の読み方と表し方の指導も必要である。

第2章 第1学年の基礎学力および高次の学力を育てる指導事例

第10節 かたちづくり

1 本事例の強調点

　低学年では、活動自体を楽しむことを通して、図形に親しみ、興味・関心をもつことが大切である。本時では、直角二等辺三角形を2つ組み合わせた正方形の色板を組み合わせた形でモザイク模様を作る活動を通し、図形の基本操作（ずらす、回す、裏返す）に親しみ、「かど」がどのように動いたのか、どの「へり」がどこについたのかなど、構成要素にも着目しながら形の構成・分解を考えさせる。

　また、本活動は「図形の向きを固定的に捉えない」という図形に対する柔軟な見方を育てていくことにもなる。図形を移動する活動は、上の学年で図形それぞれがもつ性質を捉えていく際に必要な手立ての素地となる大切な経験である。それだけでなく、図形の移動を念頭操作として容易にできるようにするためにも、低学年段階では楽しみながらしっかりと具体物を操作する経験が必要である。

　直角二等辺三角形を2つ組み合わせた正方形の色板を用いることにより、「直角と直角を合わせることで1つの新しい辺ができること」「2枚で平行四辺形を作れること」「4枚で正方形を作れること」などが見付けられる。その後の学年で知識として獲得する前に、楽しむことのできる活動を通して図形に対する見方を養っていくことができる。また、合同な直角二等辺三角形を扱うため線対称や点対称な図形も多くでき、図形の美しさを感じる感覚も育てていくことができる。

2 本時の目標

色板を用いていろいろな図形を構成したり、分解したりすることができる。
　図形を移動したり、辺や頂点に着目して図形を構成することを通して、図形についての基礎的な経験を豊かにする。

3 準備

- 直角二等辺三角形を2つ組み合わせた（5cm四方の）正方形の色板（裏も同じ模様）
  1人あたり4枚
- 拡大掲示用

4 指導計画（5時間）

第1時	ストローを使い、三角や四角などを組み合わせて形の構成をする。
第2・3時	折り紙を切ったり折ったりして形の構成分解活動をする。
第4時	色板を使ってずらす、回す、裏返すの、移動の基本操作を考える。
第5時	色板を使って形の構成分解活動をする。（本時）

5 展開

考 数学的な考え方　評 評価　手 手立て

T1：今から色板を配ります。どんな形ですか。
C1：ましかくです。
C2：さんかくです。
T2：どうしてそのように思ったのですか。
C3：平らなところが4つあるからです。
C4：ましかくの中にさんかくが2つくっついているからです。
T3：ではこの板のぴったり平らなところををあわせて模様を作ってみましょう。

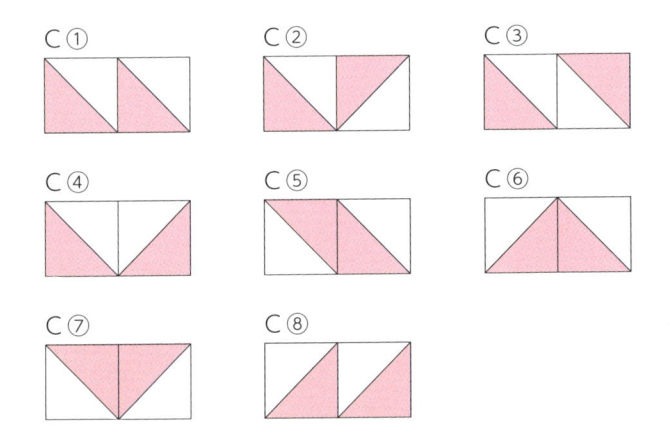

C①　C②　C③
C④　C⑤　C⑥
C⑦　C⑧

T4：どんなものができました。発表してください。
　　（C：自分の作ったものを黒板にはる。）
T5：できた模様に名前をつけましょう。
C5：C①は、のこぎりです。
C6：C②は、しましまです。
C7：C⑥は、山です。
T6：同じ形の2枚の色板からいろんな模様ができましたね。C①さんののこぎりから、C②さんのしましまに変身することはできそうですか。
C8：できます。のこぎりの右側の色板をくるっと回すとしましまになります。
T7：では、C④さんのから、C⑥さんのにするにはどうしますか。
C9：右と左をずらしていれかえるとできます。
T8：では、色板を4枚に増やしたら、どんなもようができるでしょうか。もう2枚同じ模様の色板を配ります。4枚の色板を使って、先生が出す模様と同じ模様を作ってみましょう。

手 左の図のような色板を1人に2枚ずつ配る。

手 2枚をずらすときに、角と角、辺と辺をつなげるようにさせる。

関 色板を回す、ずらすなどの活動を行い、進んで模様作りを行っている。

手 手のつかない児童に対しては前時に行ったことを思い出させる。まずどちらか1枚を、ずらす、回す、裏返すことをためすように促す。

手 色板をもう2枚渡し、黒板にこれから作る模様を1つずつ順に提示する。

第1部　第1学年の指導事例

C⑨　　　　　C⑩ 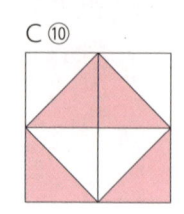　　　　　C⑪

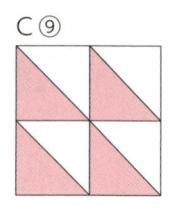

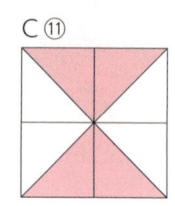

C10：できました。
T9：C⑨の模様はどうやって作りましたか。
C11：さっき作ったのこぎり模様を2つつなげました。
T10：では、これをもとに色板を何枚か動かしてC⑩の模様を作りましょう。
C12：左上と右下の色板を回しました。
T11：では、そこからC⑪にするにはどうしますか。
C13：上は、それぞれ回しました。下は右と左を入れかえました。

T12：他のも形もつくれそうですか。それでは、色板4枚を使って、グループでいろいろな模様を作ってみましょう。

C⑫　　　C⑬ 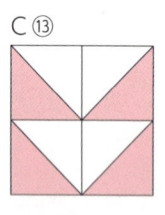　　　C⑭ 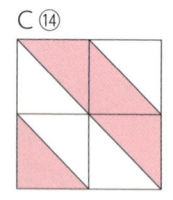　　　C⑮

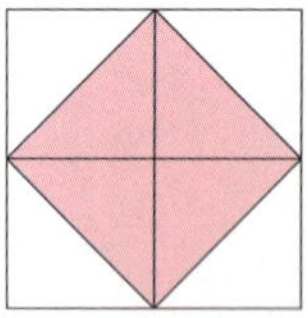

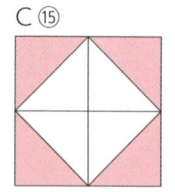

C⑯ 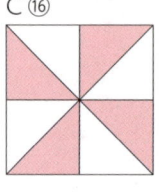　　　C⑰

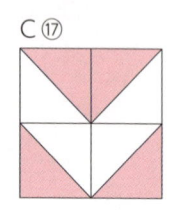

T13：模様を作ってみてどんなことに気が付きましたか。
C14：ましかくの中にましかくができた。（C⑫、C⑮）
C15：上の三角をぱたんとたおすと重なりそう。（C⑫）
C16：しましま模様ができました。（C⑯）
C17：C⑬さんと同じ形になったけど、ましかくの色が反対。
C18：風車みたいになりました。（C⑯）
T14：友達の作品を見て、どんなことに気が付きましたか。また、自分と似ている作品はありますか？
C19：くるっと回すと同じです。
C20：下だけ回すと同じです。

手 5、6人のグループにして作らせる。

関 進んで模様づくりを行っている。

手 友達の作った形と自分の作った形を比べさせ、回転して同じ形になるものを同じ形と捉えさせる。

技 上下左右など方向や位置に関する言葉を正しく用いてものの位置を言い表している。

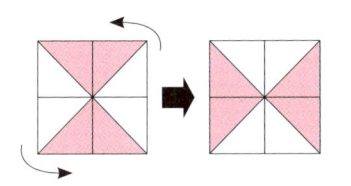

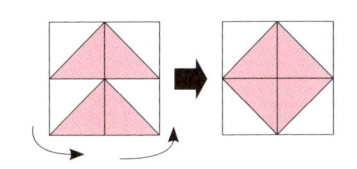

T15：今日の学習で、気付いたことや分かったこと、もっとやってみたいことはありますか。
C21：いろいろな模様をつくることができた。
C22：もっと増やして形をつくりたい。
C23：はじめは違う形でも全部回すと同じ形になった。
C24：三角が4枚くっつけるとしかくになった。
C25：三角が2枚くっつけると大きいさんかくになった。

|知| 形を構成したり、分解したりする活動を通して図形についての理解となる経験を豊かにしている。

まとめ

1. 前時までに学習したことを基に、色板1枚分はずらしたり、回したり、裏返したりしても形や大きさは変わらない。模様が変わるだけということが分かった。【類推的な考え方】
2. 向きが違っていても、全体を回したり、一部分だけ回すと同じ模様になることがあることが分かった。【類推的な考え方】
3. 上下左右といった言葉を使って説明した。【操作の考え】

6　発展的考察

　第1学年では「立体図形の弁別、立体から平面の三角、四角、丸の形の抽出」から図形領域の指導がはじまり、このことが上級学年での学習に繋がっていく。抽出した三角形や四角形を基にして、本時は色板を移動させて、ずらしたり、回したり、裏返したりしても形や大きさが変わらないという保存性を重視して指導した。また、「かど」や「へり」がどのように動いたり、どこについたりしたかなど構成要素に着目させた。なお、「頂点」「辺」は第2学年の内容なのでここでは触れない。

第1部 第1学年の指導事例

第2章 第1学年の基礎学力および高次の学力を育てる指導事例 　C 図形

第11節 立体図形の仲間分け

1 本事例の強調点

　図形領域の中で立体図形が初めて単元として登場する学習である。児童は、小学校に入学する前にも、積木遊びなどを通してその素地を養う経験をしている。本単元は、その上にたって、立体から構成要素の平面に着目するという、図形学習のための素地的な体験を重ねたり、ものの形への興味や関心を高めたりすることをねらいとしている。立体図形で大切なことは、手でさわって動かしてみるような動的なとらえ方や、いろいろな方向から眺めて形の特徴を多様にとらえていくことで、機能的な特徴や形態的な特徴に着目できるようにすることである。

　本事例では、様々な形の立体図形の中から、積み上げる活動を行ったり、特定の形を作って観察したりする。そのなかで、積み上げやすい立体はどんな形なのかを考え、形の機能や特徴をとらえた表現「カッチリした形」など名前をつける。また、転がりやすい立体はどんな形なのかを考え、「コロコロする形」などと名前をつけ、積み上げやすいや、転がりやすいといった機能の面から特徴づけていく活動を取り上げる。また、それぞれの立体を詳しく見ていくことで、角柱はどこから見ても四角い形だから「箱の形」、全部同じ四角い形は「サイコロの形」、円柱は下の部分が丸い「つつの形」、球はどこから見ても丸い形だから「ボールの形」など、形態的な面からも特徴づけていく。

2 本時の目標

　いろいろな立体を用いた構成活動を通して、立体の機能的、形態的な特徴をとらえることができる。

3 準備

・「触っている形は何かな」ゲーム用の段ボール
・いろいろな立体（立方体、角柱、円柱、球、など）の箱や空き缶など

4 指導計画（4時間）

第1・2時　立体の形の特徴に気づき、機能的、形態的な面に着目し、仲間分けをする。（本時）
第3時　　　立体の面の形に着目し、面の形を使って形を構成する。
第4時　　　身近な立体の形の特徴を捉え、感覚を豊かにする。

5 展開

考 数学的な考え方　評 評価　手 手立て

（1）課題をとらえる（第1時）
T1：「触っている形は何かなゲーム」をしましょう。ここに色々 　　　手 大きさや、そのものの形を

な形の入っている段ボールがあります。この中から1つ選んで持ってもらいます。友達がどんな形を持っているかを当てます。見てはいけません。触っている人は触っている形のヒントを一つだけ言います。C1さん、前でやってみましょう。
C1：私が持っているのは…、とがっています。
T2：C1さんが持っているのはどんな形か分かりますか。
C2：うーん。ピラミッドの形かな？
C3：箱みたいなやつかもしれないよ。
C4：よくわからないな。
C5：正解は…。
C6：やった。当たった！
C7：えっ？そっちか〜。
（2〜3回繰り返す）
T3：なかなか難しかったですね。では次のゲームです。家からいろいろな形の箱や空き缶をもってきていますね。出してください。今から自分たちの持ってきた箱を持ち寄って、5人グループを作りましょう。持ってきた形を使って、「高く積もうゲーム」を行います。1分間でどれだけ高く積み重ねられますか。時間になった時に、手を離して一番高かったグループが勝ちです。ヨーイ、ドン！…
（C　グループで活動）
T4：時間です。手を止めましょう。静かに周りのグループの積んだものを見てみましょう。どこのグループが一番高く積めているでしょうか。
C8：みんな同じくらいかな。
C9：比べてみたいな。
（簡単な比較をする）
T5：では「高く積もうゲーム」はAグループが一番高く積めたようですね。どのように積めば高く積むことができましたか。
C10：大きい箱をたくさん使っています。
C11：がっちりした形をたくさん使って積んでいます。
T6：がっちりした形は積みやすいといういいところがあるのですね。
C12：ぺったんこな箱も向きを変えれば高くなります。
T7：では、みんながあまり使わなかった形はありますか？
C13：丸い形です。
C14：すごく細長い形です。
T8：なぜそのような形は使わなかったのですか。
C15：どうしてかというと、コロコロ転がってしまうからです。
C16：積むときにグラグラして、すぐ倒れてしまうからです。
T9：わかりました。丸い形は、転がりやすい、倒れやすいというのですね。では、今度は「なるべく低く積もうゲーム」

言うことのないようにゲームのルールを確認する。教師が例を示してもよい。

手 形の機能的な特徴や、形態的な特徴をつかんでいないと、立体を判断することが難しいことを実感させたい。

手 1m定規などを使って、簡単にどのグループが一番高く積んだかを確かめる。長さの測定が中心ではないので、だいたい同じでも可とする。

考 T5は、自己の問題や目的・内容を明確にするための発問である。

評 C11・15・16は図形の機能的な特徴に着目している。

手 持ってきた形で差がでないように、それぞれの形のよさを生かしながら機能的、形態的な面に着目することができる複数のゲームを行う。

を行います。時間や約束は「高く積もうゲーム」と同じです。ヨーイ、ドン！…

T10：時間です。手を止めましょう。周りのグループの積んだ形を見てみましょう。

T11：どのように積めば低く積むことができましたか？

C17：ぺちゃんこな形を積みました。

C18：高く積むのとは逆で向きを変えて低くしました。

C19：高く積むのと同じようながっちりした箱を使いました。

T12：わかりました。低く積むには、ぺちゃんこな形がよさそうですね。では形を使ったゲームで何かやりたいゲームはありますか？

C20：積むのはやったから、今度は長くしてみたいです。

T13：では、最後は「長くつなげようゲーム」です。教室の端から端までできるだけ長くなるように形を置きましょう。時間や約束は2つのゲームと同じです。ヨーイ、ドン！…

T14：時間です。手を止めましょう。周りのグループを見てみましょう。どうすれば、長くすることができましたか？

C21：四角い細長い形を使いました。

C22：丸の細長い形も他の形ではさめば転がらずにつなげることができました。

C23：ボールの形もはさめば転がらずに使うことができました。積むときには使えなかったけど、今回は使えました。

T15：3つのゲームを通して、形にいろいろな名前を付けてくれましたね。次の時間に今まで出てきたものを整理していきましょう。

(2) 積み上げるために使った立体や長く伸ばすために使った立体の機能的な面や形態的な面に着目して仲間分けをする（第2時）

C24：高く積むことができるのはがっちりした形です。

C25：崩れにくい形もがっちりした形です。

C26：転がしてみるとカッタンコットンと転がりにくいです。

T16：では高く崩れにくく積める形は「がっちりした形」の仲間ですね。また、転がりにくいので「カッタンコットン」の仲間ですね。

C27：低く積むのは「ぺちゃんこの形」です。ぺちゃんこの形は、積みやすいし、崩れにくいので、がっちりした形の仲間だと思います。

C28：転がすと「カッタンコットン」するのと、「コロコロ」するのと両方あります。どの仲間にしたらよいか迷います。

T17：ではどちらか一つにしましょう。どちらに入ると思いますか。

手 今まで使わなかった形の特徴にも目が向くようにする。

評 C22、23は転がるという機能的な特徴を捉えた発言がみられた。

評 C24、25、26は機能的な特徴を捉えた発言がみられた。
考 形の特徴から、弁別する。（記号化の考え）

評 C28はよりよいものを求めようとする態度である。

C29：コロコロの仲間だと思います。どうしてかというと、積みやすい形はがっちりした形と同じだけど、転がるかどうかは違うからです
C30：ボールはどこでも転がるけど、平べったいと少ししか転がりません。
C31：じゃあ積めるけど転がるグループと、転がるグループにわければいいと思います。
T18：では、「かっちりした形」と「積めるけどコロコロの形」と「コロコロの形」の３つのグループに分けることができそうですね。では前の時間の一番はじめにやったゲームをもう一度やってみましょう。今度はうまく友達に伝えられるといいですね。

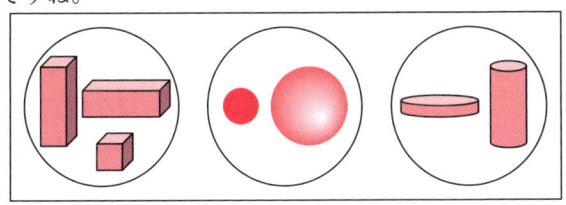

🖐仲間分けする前とした後で、形の特徴の捉え方が豊かになったことが確認できるように、はじめに行ったゲームと同じゲームをする。

(3) 本時の学習で付いた力を確認する

C32：私が持っているのは…転がる形です。
C33：コロコログループじゃない？
C34：質問してもいいですか。それは積めますか？
C32：積めません。
C35：じゃあやっぱりコロコログループだ。
C32：正解です。
C36：私が持っているのは…積み上げやすい形です。
C37：質問です。それは転がりやすいですか？
C36：転がりにくいです。
C38：わかりました。がっちりした形です。
C36：正解です。
T19：形の特徴で仲間わけしたことで、どんな形なのかがよくわかりましたね。

まとめ

高く積む、低く積む、長くのばすなどの構成活動を通して、形の特徴を見つけ、観点によって仲間分けすることができた。
形の特徴を機能的な面や形態的な面に着目して仲間分けをすることができた。【観点の明確化】

第1部　第1学年の指導事例

第2章　第1学年の基礎学力および高次の学力を育てる指導事例　Ｄ 数量関係

第12節　工夫して数えよう

1　本事例の強調点

　本事例は、20までの数の意味と表し方を学習した後の発展的な扱いとして位置づけた。これまでにブロックに置き換えて数を10ごとにまとめて数えたり、2とびや5とびといった数え方を学習している。

　本事例では、2種類のものを同時に数えたり、数える対象が短時間で過ぎ去っていったりする場面を扱う。そのことを「かず数えゲーム」という遊びを通して取り組むことで、活動への意欲を持たせながら、種類ごとに正しく数えるためには工夫が必要であること（**単純化の考え**）を感じ取らせていく。2種類のものを同時に数える場合については、数える対象だけを抜き出して同時に数えることができるようにしていく。数える対象が短時間で過ぎ去ってしまう場合については、数え方の工夫として、ブロックに置き換えたり、紙に書いたりするなどの工夫（**数えやすいものに置き換える**）によって落ちや重なりなく数えることができることを経験させる。

2　本時の目標

　2種類のものについて同時に数えたり、数える対象が過ぎ去ったりする場合において、工夫して正しく数を数えることができる。

3　準備

WEB …WEB サイトからダウンロード可

- ・算数ブロック学習
- ・ワークシート（右図参照） WEB
- ・拡大掲示物（P67 図1） WEB
- ・プレゼンテーションソフト WEB
　　※再生環境を確認してご活用ください。

4　指導計画（5時間）

第1時　「10のまとまり」と「いくつ」に分けて、ブロックを使って数を数える。
第2時　11から20までの数の数え方、書き方を知る。
第3時　2とび、5とびなど、まとめて数える。「10といくつ」という見方で数を表す。
第4時　数の大小比較をする。20までの数を数の線などを用いて、順序よく並べる。
第5時　工夫して正しく数を数える。（本時）

第1学年の指導事例　第1部

5　展開

考 数学的な考え方　評 評価　手 手立て

（1）絵を見て、数える目的と数える対象を明確にする

T1：今日は「かず数えゲーム」をします。今から、絵を見せます。さあ、何がいくつあるかな。どんどん数えましょう。
　　（3秒程度、図1を見せる。）または、
　　（プレゼンテーションソフトを活用）

（図1）

C1：早くてよくわかりません。
C2：お花がありました。
C3：うさぎがいました。
C4：わかんない。ちょうちょがいっぱいいます。
C5：えー、何を数えるの？
C6：先生、何を数えればいいのかをはっきりしてください。
T2：ああ、そうですね。何を数えればいいのか、はっきりしないと困りますよね。何がありましたか？
C7：花とちょうちょとうさぎかな。
T3：本当にそれだけですか。
C8：ちゃんと見ていないから分かりません。
C9：もう一度、ゆっくり絵を見せてください。
T4：わかりました。けれど、この後に数えゲームをするのですから、少しの時間ですよ。
　　（3秒程度、絵を見せる）
T5：何がありましたか。
C10：うさぎと、ちょうちょとりすがいました。
C11：花と木もありました。
T6：何があったか、分かりましたね。これで「かず数えゲーム」ができそうです。さあいっぺんに全部数えてください。
C12：待って待って。
C13：いっぺんに全部は無理だよ。

（2）ものの数え方について、どのような工夫があるかを検討する

T7：確かに、一度に全部数えるのは大変そうですね。
　　一度に2種類にしましょうか。例えば、「りすとうさぎ」とか、2つのものにします。では、「かず数えゲーム」を始めましょう。はじめは、「ちょうちょとりす」です。
　　（ワークシートを配布する）
　　よーいスタート。
T8：さて、数えられましたか。答え合わせをしましょう。
C14：りすは、6匹でした。ちょうちょは、12匹です。
T9：どんなふうに数えたのかな。
C15：2, 4, 6, 8, って2こずつ数えました。
C16：ブロックを使って、数えた分だけまとめました。

手 T1は、ゲームを紹介し、興味を持たせる。

手 絵を見せる際は、短い時間で区切ることで、数えるために必要となる「数える対象を明確にすること」「数え方を工夫すること」を引き出していく。

手 T3のように、児童の発言に対して「十分と言えるか」を発問し、「数える対象」をはっきりと意識させていく。

手 見せる時間を短時間にして「数える対象となるものの種類」を見つけられるようにする。

手 「数え方の工夫」に話題を絞り、どのように数えたらよいかを検討していく。

評 C16・17・18は、数えるものをブロックに置き換えて単純

C17：りすに黄色のブロックを置いて、ちょうちょに白のブロックを置きました。
T10：同じ絵を大きくして黒板に貼りましたから、みんなの前で見せてください。
C18：こうやって、黄色のブロックをりすに置いて、白のブロックをちょうちょに置きます。
T11：色を分けて置いてますね。けど、こうやって同じ色でもいいんじゃないですか？（同じ色にしていく）
C19：同じ色だと混ざっちゃうよ。色を変えると間違えないよ。
T12：色分けして置いたら、この後はどうするのですか？
C20：数える。
T13：こうやって？1、2、3（途中で同じブロックを数える）
C21：同じブロックを数えちゃダメだから。
C22：ブロックをまとめる。こうすると、10と2で12です。

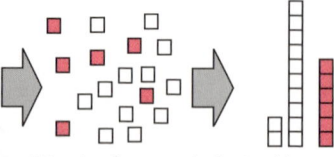

置いたブロックを寄せて並べる

T14：なるほど。ブロックを置いたら、それをまとめて並べると幾つなのかがはっきり分かりますね。では次は、「うさぎと花」を数えますよ。いいですか。よーいスタート。
　　（しばらくたって）終わりです。

（3）2種類のものを同時に数え、正しく数えられたかどうかを確かめる

T15：答え合わせをしましょう。
C23：花は10本です。うさぎは7匹です。
T16：いいですね、皆さんよく数えられました。ブロックを上手に使っている人がたくさんいました。
T17：あら、ところでちょうちょは何匹でしたっけ？
C24：12ですよ。
T18：本当に？
C25：書いておけばよかったね。
T19：何が幾つなのか、ワークシートに書いておきましょうか。

（4）数える対象が短時間で過ぎ去ってしまう場合における数え方の工夫を考える

T20：では次の「かず数えゲーム」にいきます。

化し、数詞を数えやすくしている。

🖐落ちや重なりなく数えるための工夫として、絵からブロックに置き換えることを明確にしていく。

📝T13は、さらに数え方の工夫が必要なことを気づかせる。

🖐考えた数え方をワークシートに残しておくことで、「数え方」を意識させる。

🖐児童の反応をみながら、ワークシートに数を記入させる。

📝T20は、記録の必要なことに気づかせる。

🖐「短時間で過ぎ去ってしま

音を流しますよ。何の音かな？（音声を流す）
C26：鳥の鳴き声だ。
T21：そうです。カッコウという鳥の鳴き声ですよ。カッコウは何回鳴いてるかな？
C27：もう一回流してください。
T22：では、もう一度音を流します。
C28：17回鳴いた。
C29：18回だよ。
T23：困りましたね。音がどんどん流れていくから、数えるのが大変ですね。どうやって数えましたか？
C30：頭で数えてた。
C31：指で数えたよ。
T24：何回鳴いたのか、確実な数え方はないかな？
C32：ブロックを使うといいよ。
T25：どうやって使うのかな？
C33：カッコウの声がしたら、ブロックをこっちからこっちに移すの。

（5）短時間で過ぎ去ってしまうものを数え、正しく数えられたかどうかを確かめる。
T26：では、もう一度カッコウの鳴き声を数えましょう。（音声を流す）（ブロックを置いていく。）
T27：正しく数えられたかな。答え合わせをしましょう。
C34：18回鳴いていました。
C35：あと、こっちに移したブロックを10といくつに置くといいよ。
C36：10と8で18だよ。

まとめ

1 数える対象となるものだけを抜き出すことを意識付けた。【目的・内容を明確にする態度】
2 ブロックを用いて正しく数えるための工夫を考えた。【対応の考え】

うもの」として音を扱う。どのような数え方の工夫が考えられるかを投げかける。

評C32は、ブロックを使うことで、音声を具体物に置き換え、数として数えやすくしている。
評C33は、操作を言語で表現し、洗練させようという態度、自分の考えを確かめてみようという意欲がみられる。

第13節 順序数のたし算

第1部 第1学年の指導事例
第2章 第1学年の基礎学力および高次の学力を育てる指導事例　DJ 数量関係

1 本事例の強調点

　本単元では、順序数を集合数に置き換え計算する場面を扱う。児童は、順序数で表されたことであってもなんとなく集合数に置き換えて使っている。ここではなんとなく順序数を集合数に置き換え使っていることがどのようなことかを考え、順序数と集合数の意味の違いについて理解すること、順序数や集合数を加法や減法を用いて計算することを考える必要があるという目的意識をもつ（**自己の問題や目的・内容を明確にする**）ところから導入する。

　本事例では、順序数同士で加法・減法をするときに重なりが出てくる。このような条件の時におかしいと思う（**疑問の目をもってみる**）こと、どのようにすればできるのか見通しをもつことを大切にしていきたい。このようなときの解決のために、問題場面を、子供たち自身が実際に並んで表してみたり、ブロックや図に置き換えて表したりする。さらにこの、実際に並んだことやブロック、図で表したことを式に表すことによって場面を簡潔・明瞭に表現できるという経験をさせたい。また、友達の立てた式を読み取ることで、式から友達が問題場面をどのように思考したのかを具体的に考え、理解することができるようにしたい。

　式と図などを相互に読み見ることで、本単元のねらいになる、加法・減法の場面とその意味を広げ理解を深めるということにせまりたい。

2 本時の目標

　順序数の加法・減法の場面を、図に表して問題の構造をとらえ、問題解決の能力を高める。

3 準備

・算数ブロック　・教科書（第1学年順序数・集合数にかかわる部分、加法及び減法にかかわる部分）
・ノート（上記の内容にかかわるもの）

4 指導計画（3時間）

第1時　順序数の加法の意味、計算の仕方を考える。
第2時　順序数の減法の意味、計算の仕方を考える。
第3時　順序数の加法・減法の場面を図に表して問題の構造をとらえ、問題解決の能力を高める。（本時）

5 展開

考 数学的な考え方　評 評価　手 手立て

（1）問題と解決の見通し

T1：昨日までどのようなことを学習してきたかな。
C1：何番目と何人のたし算やひき算をしたよ。
T2：そうですね。
T3：では、今日の問題です。みんなで読みましょう。

> こどもたちが　なんにんか　ならんでいます。
> ひろきさんは　まえから　5ばんめで、
> うしろから　3ばんめに　ならんでいます。
> こどもたちは、みんなで　なんにんでしょう。

C2：先生こんなの簡単です。
C3：前に学習しました。
C4：だってひろきさんは前から5番目で、後ろから3番目なんだから…
C5：5人と3人で合わせるから、式が5＋3になります。
C6：そうだよねえ。
C7：えっ。
T4：えっ、てどうしましたか。
C8：なんか、違う気がするんです。
C9：そんなことないよ。前から5番目で、後ろから3番目なんだから5＋3で大丈夫だよ。
T5：じゃあどんなところが気になっているか、説明してください。
C10：前から5番目って言うことは、自分の前に4人いることだよね。
T6：確かにそうですね。
C11：後ろから3番目だから自分の後ろには2人いるってことだよね。
C12：あっ。
C13：確かに5＋3じゃないかもしれない。
C14：なんか自信ないなあ。
C15：5＋3でないような気がするなあ。
T7：では、問題を図に表して考えてみましょう。そうすればきっとどのような問題なのかが分かると思います。

（2）自力解決

（児童は自力解決をする。）
C16：5＋3じゃないよ。
C17：そうかもしれない。
C18：やっぱり5＋3だと思うんだけどなあ。
C19：僕も5＋3なんだけどなあ

考 T1は、前回までの学習を想起させ本時の目的・内容を明確にするための発問である。

手 C4での重なりの部分に気付き発言する児童も出てくることも考えられるが、すでに気付いている児童の発言で授業が進行してしまうことを避けるため、C7のような疑問に思っていたり、違和感を感じたりしている児童のつぶやきから児童の気付きを促すような展開にしていきたい。

手 C10の発言をもとにしてどのような並び方をしているのかを考えさせる。
手 先に実際に並んで確かめることも考えられるが、自力解決をすることを大切にしたい。児童から解いてみようという意味合いの言葉が出ない場合は、T7のように担任が指示する。
手 T7は図示して問題を解くことを促す発問。

（3）発表・話し合い

T8：どのようにして解いたか見せてください。
C20：（図1を示し）ひろきさんは前から5番目で、後ろから3番目だから、

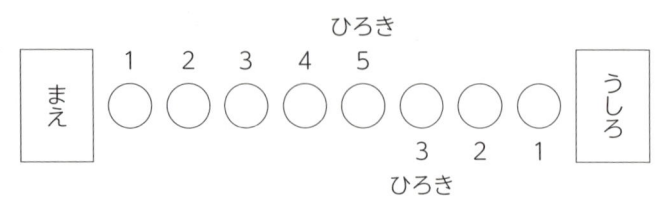

（図1）

C21：あっ、ひろきさんが2人いるよ。
C22：ということは5＋3じゃないよ。
C23：5＋2じゃないかなあ。
T9：図で表してくれるかな
C24：（図2を示し）ひろきさんは前から5番目で後ろから3番目だから、ひろきさんの後ろには2人います。5と2を合わせるとみんなが何人か分かります。だから式は5＋2になります。5＋2＝7だから、みんなで7人です。

（図2）

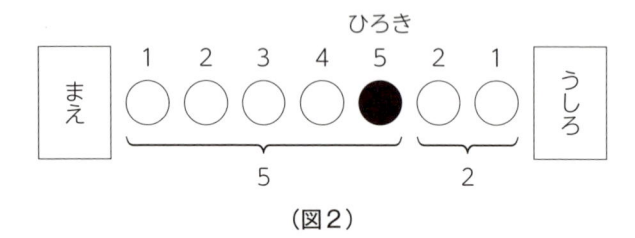

T10：ひろきさんの後ろに2人いるから3が2になるのですね。
C25：式の意味がわかりました。
C26：僕は式が4＋1＋2だよ
C27：なぜ、そういう式になるのですか。
T11：説明してください。
C28：（図3を示し）ひろきさんの前に4人いて、ひろきさんがいます。ひろきさんの後ろに2人いて合わせるとみんなが何人か分かるから、式は4＋1＋2になります。だからみんなで7人です。

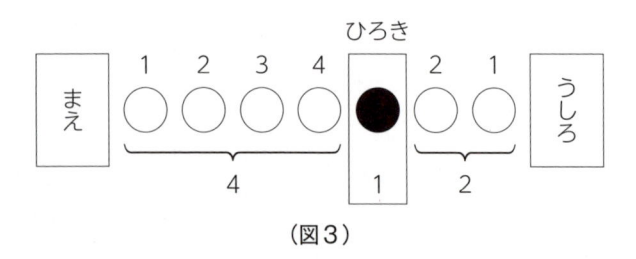

（図3）

評 C20・C24・C28 はたし算にしたわけを明らかにする。（演繹的）

評 C24・C28・C29 は目的に合った考え方をしようとする態度が見られる。

評 C28・C29 は式の意味を読んで理論的に説明する態度が見られる。

手 C24・C28・C29 のすべての考え方が児童から出ない場合は、教師が式を紹介して児童が式を読み取る活動をさせてもよい。

C29：そういうことか、前の4人、ひろきさん、後ろの2人で合わせるから、式が4＋1＋2になるんだね。
T12：3口の式にしても問題場面を表すことができるのですね。
C30：私は4＋3です。
C31：もう分かるよ。前のひろきさんが重なっていると考えたから5を4にしたのですね。
T13：じゃあ実際に並んで確かめてみましょう。
実際に今までの式の場面を並んで確かめる。
T14：今日の学習で分かったことは何ですか。
C32：図に表したら重なっていることも分かったし、図をかくと式にするのも簡単にできました。
C33：どれも式は違うけど、同じ場面を表しています。順番の数の時は、何番目の人をどんなふうに表すかで式が変わります。

評 C31・32は学習したことを一般化する態度。

手 C31・32は児童から発言で出ない場合があるが、そのような場合は教師が説明したり、誘導したりしてもよい。また、板書にまとめの手がかりになるような言葉を残すとよい。

まとめ

1. 図に表わすと場面が分かりやすい。式を立てやすくなる。【筋道を立てて考える態度】
2. 図にかいたり、おはじきを使ったりすると重なりがある場合もよく分かった。【操作の考え】
3. 友達の考えた式を見ると、どんな風に考えているのかが分かる。【式についての考え】

6 発展的考察

本事例はこの3時間目で終わりとなるが、本事例に続く問題としては、

> 子どもたちが何人か並んでいます。
> せいじさんとあいこさんは前後ろで並んでいます。
> どちらが前か後ろかは分りません。
> せいじさんは前から4番目で、あいこさんは後ろから3番目です。
> みんなで 何人でしょう。

という問題を出したい。この問題はせいじさんとあいこさんの位置関係により答えが2通りある。せいじさんが前の場合は式が3＋1（せ）＋1（あ）＋2となり、皆で7人となる（図4）。あいこさんが前の場合は、2＋1（あ）＋1（せ）＋1となり皆で5人となる（図5）。本事例で示したことを使うとともに、場面が1つにならないということから、どちらが前かを決めて問題を解決していく姿勢を育てていくことができればよいと考える。

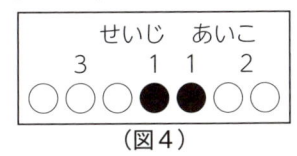

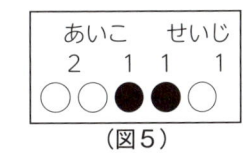

```
  せいじ あいこ
 3  1  1  2
○○○●●○○
   （図4）
```

```
 あいこ せいじ
 2  1  1  1
○○●●○
   （図5）
```

第1部　第1学年の指導事例

第2章　第1学年の基礎学力および高次の学力を育てる指導事例　発展

第14節　たし算カード

1　本事例の強調点

　従来、「たし算カード」の指導においては、1位数＋1位数の習熟のために「たし算カード」を使用して、次のような学習が展開されることが多い。
　① 教師がカードの表（式）を提示して、その答え（裏）を児童に一斉に言わせたり、順番に言わせたりする。
　② 児童が2人1組になって、交互に式（表）を提示して、その答え（裏）を言う。
　③ 2人1組になって、同時に式（表）を出し、その答え（裏）の大きい方が、カードを貰う。
　教室でのこの学習の後、児童が自発的に休み時間や家庭でも練習を行い、計算に習熟させることをねらっている。
　本事例では、この「たし算カード」を作ることを通して、数のしくみや計算のきまりに着目するという数学的な考え方をねらいの重点としている。
　児童は、今までの学習で（1位数）＋（1位数）＝（10以下）の加法を学習している。また、その計算の習熟にも取り組んできた。本時では、前時で使用してきた「たし算カード」を自分用に作成するという課題を通して、「たし算カード」を何枚作ればよいのかという目的意識をもつ（**自己の問題や目的・内容を明確にする**）ところから導入する。また、作成したカードに、落ちや重なりがないことを、数のしくみという**既習事項を基にして筋道立てて考え**、確認したり、説明したりする活動を重視したい。また、「たし算カード」を、目的をもって並べることによって、その並び方から計算のきまりを見つけることができる。
　この活動は、今後「ひき算カード」や、繰り上がりのあるたし算、繰り下がりのあるひき算の学習後の「計算カード」でも、活用できる活動である。

2　本時の目標

「たし算カード」の作成を通して、きまりよく並べると落ちや重なりなく調べられることを理解させる。

3　準備

WEB…WEBサイトからダウンロード可

・たし算カード（掲示用）　・たし算カード用紙（児童用）　・指導案 **WEB**

4　指導計画（3時間）

第1時　たし算カード（教師用）を使って全員で練習する
第2時　たし算カードを作る（本時）
第3時　たし算カードで遊ぶ

第1学年の指導事例　第1部

5　展開

考 数学的な考え方　評 評価　手 手立て

(1) 場面を把握し、課題を理解する

T1：前の時間に、たし算カードを使ってたし算の練習をしましたね。たし算ができるようになりましたか。

C1：できるようになった。

C2：たのしかったよ。

C3：もっと練習したい。

T2：もっと練習して、できるようになりたいですね。そのために、自分用のカードを作りたいと思います。
　　ここに、カード用の紙があります。

　　　2＋3　　　　　5
　　表（式）　　　裏（答え）

　このように、表にはたし算の式を書いて、裏にはその答えを書くのです。
　それでは、作ってみましょう。

(2) 各自で、「たし算カード」を作る

T3：カードの紙はたくさんありますから、足りなくなった人は必要な枚数を取りに来てください。

C：（各自で、たし算カードを作成する。）
　（作業は、10分程度で一旦中止する。）

(3) 「たし算カード」を全て作成することができたか考える

T4：みなさん、たくさんのカードを作ることができましたね。みなさんの作ったカードが全部あるかどうかを調べなくては練習ができませんね。全部あるかどうかを調べるには、どうしたらよいでしょう。

C4：先生のカードと比べてみたらいい。

C5：先生のカードは一つしかないから、全員が一緒に調べられないよ。

C6：先生のカードの枚数がわかれば、それと同じ枚数になっているか調べればいいと思います。

C7：枚数が同じでも、同じカードがあったらだめだよ。

T5：それでは、たし算カードを全部作ることができたかどうか、自分だけで調べる方法を考えて確かめてみましょう。

C：（各自で、考える。）
　① 枚数を数えようとしている。
　② 1＋○、2＋○のように、たされる数に着目して、カードを分けている。

考 T1およびT2は、意欲を喚起するためのものである。

手 書き方がわからない児童には、個別に指導する。

手 終わってしまった児童には、それで全部になっていることを、他の児童に伝えるにはどうするかを考えさせる。

考 T4は、目的・内容を明確にするためのものである。

評 C4・C5・C6は、1年としては自然の反応であるが、教師を絶対視している。

評 C7は、論理的に説明しようとしている。

評 C②は、被加数に着目している。

| 1+1 |
| 1+3 |
| 1+8 |
| 1+4 |
| … |

| 2+3 |
| 2+6 |
| 2+4 |
| 2+5 |

| 3+2 |
| 3+3 |
| … |
| … |

③　○＋1、○＋2のように、たす数に着目して、カードを分けている。

| 1+1 |
| 3+1 |
| 8+1 |
| 4+1 |

| 3+2 |
| 5+2 |
| 4+2 |
| 1+2 |

| 2+3 |
| 3+3 |
| 6+3 |
| 1+3 |

　…

④　裏（答え）に着目して、答えが2になるもの、3になるものを集めている。

| 1+1 |

| 1+2 |
| 2+1 |

| 1+3 |
| 3+1 |
| 2+2 |

　…

> 評 C③は、加数に着目している。

> 評 C④は、答え（和）に着目している。

T6：いろいろな工夫をしています。発表してもらいますので、お友達がどんな工夫をしたか考えながら聞きましょう。
C8：枚数を数えました。
C9：②のように並べてみました。
C10：③のように並べました。
C11：④のようにしました。
T7：お友達がどんな工夫をしているかわかりましたか。
C12：C②は、「1たす何」のカードを集めています。
C13：C③は、たす数が同じカードを集めています。
C14：C④は、はじめ見たときはバラバラだと思ったけれど、裏に書いてある答えが同じカードを集めていることが分かりました。
T8：C②さんや、C③さん、C④さんのように、たす数やたされる数、答えに目をつけてまとめるといいですね。でもそれだけでいいでしょうか。それで全部あるといえますか。
C15：C②さんのは、たされる数が全部1で同じだけれど、たす数が順番になっていません。たす数を順番にするといいと思います。
C16：C③さんやC④さんのも、同じようにするといいと思います。
T9：いいことに気が付きましたね。それでは自分の作ったカードをどれかのやり方でならべてみましょう。全部作ることができましたか。
C17：まだ足りないカードがあることがわかりました。
C18：作らなければいけないカードがわかりました。
T10：それでは、足りないカードを作りましょう。（作業をさせる。）

> 考 T8は、落ちや重なりがないかという確認のための発問である。

（4）学習のまとめと練習をする

T11：カードは全部できましたか？先生が確認しますから、どれかのやり方で並べてみせてください。

①
```
1+1  2+1  3+1  4+1  5+1  6+1  7+1  8+1  9+1
1+2  2+2  3+2  4+2  5+2  6+2  7+2  8+2
1+3  2+3  3+3  4+3  5+3  6+3  7+3
1+4  2+4  3+4  4+4  5+4  6+4
1+5  2+5  3+5  4+5  5+5
1+6  2+6  3+6  4+6
1+7  2+7  3+7
1+8  2+8
1+9
```

②
```
1+1  1+2  1+3  1+4  1+5  1+6  1+7  1+8  1+9
2+1  2+2  2+3  2+4  2+5  2+6  2+7  2+8
3+1  3+2  3+3  3+4  3+5  3+6  3+7
4+1  4+2  4+3  4+4  4+5  4+6
5+1  5+2  5+3  5+4  5+5
6+1  6+2  6+3  6+4
7+1  7+2  7+3
8+1  8+2
9+1
```

③
```
1+1  1+2  1+3  1+4  1+5  1+6  1+7  1+8  1+9
     2+1  2+2  2+3  2+4  2+5  2+6  2+7  2+8
          3+1  3+2  3+3  3+4  3+5  3+6  3+7
               4+1  4+2  4+3  4+4  4+5  4+6
                    5+1  5+2  5+3  5+4  5+5
                         6+1  6+2  6+3  6+4
                              7+1  7+2  7+3
                                   8+1  8+2
                                        9+1
```

T12：みんな、きちんと作れました。今度はそのカードを使って、練習することができますね。それでは、今日のまとめをしましょう。

まとめ

1. カードをバラバラにならべるとどのカードがあるかわからなかったけれど、順序よくならべると、落ちや重なりなく調べることができた。【順序良く考える態度】
2. ならべ方にいろいろあることが分かった。【筋道立てて考える態度】

🖐 ①、②、③のどれかの方法で並べていることを確認する。きちんと並べていない児童には、どのように並べたかを聞き、その通りになっているかもう一度確認するよう指示する。

🖐 ③は、同じ行で、被加数に着目している並べ方であるが、加数に着目している並べ方もある。

第1部 第1学年の指導事例

第2章 第1学年の基礎学力および高次の学力を育てる指導事例 〈発展〉

第15節 数表の数の並び方

1 本事例の強調点

数表には、次のように様々な種類のものがある。
① 0～100までの数について、まず横に10個ずつ並べ、次の10個は前の10個の下の段に並べていくことを繰り返してつくったもの（本事例で使用しているもの）
② 1～100までの数について、①と同様につくったもの
③ 奇数（偶数）について、①と同様につくったもの
④ カレンダー等を活用した、7個ずつ横に並べてつくったもの
⑤ かけ算九九の答えを表にしたもの

等である。特に、④のような数表があることを考えると、児童に考えさせたい内容によって、①～⑤以外にも様々な数表を用いて学習を行うことも考えられる。

数表には、用いた数や数の並び方によって、横、縦、ななめ等に様々なきまりがあるため、そのきまりを見つけたり、きまりを用いて問題を解決したりする学習が可能である。さらに、児童がきまりを発見したり、どうしてそのようなきまりがいえるのかを説明したりする過程で、多くの数学的な考え方を育てることができることからも、数表は様々な学年で取り上げて学習を行う価値のあるものである。

今回は、第1学年の100までの数の学習を行ったあとの学習として、数表の学習を位置付けた。ゲームを通して、間違いなくゲームを行うためにきまりを見つけ、活用することで**帰納的な考え方**を、どうしてそのようなきまりがいえるのかを考えることで**演繹的な考え方**を経験させていく。学習のまとめでは、どのように考えたことがゲームを間違いなく楽しく行うことにつながったかを取り上げて、数学的な考え方を価値付けるようにする。

2 本時の目標

数表の数の並び方に着目し、横には1増え、縦には10増えていることに気付くとともに、二人のおはじきの位置関係について説明することができる。

3 準備

（WEB…WEBサイトからダウンロード可）

教師用：数表（掲示用）・色の違うマグネット各1個、ルール（P79掲示用）・指導案（WEB）
二人で1枚：0～100までの数表（B4またはA3サイズ）
一人に1個：おはじき（ゲームをする相手と異なる色）・サイコロ

4 指導計画（6時間）

第1～5時　100までのかず（本時第5時）
第6時　100より大きいかず

5 展開

考 数学的な考え方　**評** 評価　**手** 手立て

T1：これからおはじきゲームをします。ルールの説明をします。

> おはじきゲームのルール
> ①スタートは0。0におはじきをおく。
> ②2人でサイコロをころがす。多いかずが出た人がかち。
> 　・かった人：10すすむ　・まけた人：1すすむ
> ③先に100についたほうがかち。

T2：質問はありますか。
C1：100にぴったりつかなければいけないのですか。
T3：通りこしてもいいことにしましょう。
C2：サイコロで同じ数が出たらどうしますか。
T4：ひきわけなので、進まず、もう一回サイコロをころがしましょう。
T5：では、おはじきゲームを始めましょう。
　・どのグループも1回はできるよう時間設定をする。
　・間違いの例
　　　負けたときに1進めるのを忘れている。
　　　数え間違いをしている。
T6：たくさんゲームをすることができたペアがあったようですね。どうしてそんなに早くできたのですか。
C3：おはじきをさっさと動かしました。
C4：勝ったときに10進めるのを、いちいち数えないで、すぐ下に動かしたからどんどんできました。
T7：勝ったら下に動かすとはどういうことですか。
C5：1にいたとしたら、10進めるとちょうど1の下の11まで行くから、いちいち数えないですぐ下の11に動かせばいいということです。
T8：勝ったときには、下に1進めればいいのですね。確かめてみましょう。好きな数におはじきを置いて、そこから10進めてみましょう。
C6：6においてやったら、16にいきました。
C7：ちょうど下の数にいきました。
T9：では、「勝ったときには下に1進める」ということを使って、もう一度ゲームをしましょう。
　・どのグループも1回はできるように時間設定をする。
T10：先ほど、みんながゲームをしているときに次のようになっているペアがありました。
（数表におはじきを置いて見せる。例えば24と41、45と63、68と94。P80の数表を参照。）

手 T2は、質問を受け、やり方の分からない児童がいないようにする。

手 T5は、1回終わったペアは、2回目を行うよう助言する。このようなペアの駒の動かし方を確認しておく。また、おはじきの進め方を間違えているペアのおはじきの位置を記録しておく。

評 C4は、おはじきの動かし方から、きまりを見つけている。

評 C5は、ゲームを通して**帰納的**にきまりを見つけている。

考 C4の見つけたきまりを全員に体験的に確認させる。

考 T9は、きまりを見つけ、用いるよさを実感させる活動を行う。

0	1	2	3	4	5	6	7	8	9
10	11	12	13	14	15	16	17	18	19
20	21	22	23	㉔	25	26	27	28	29
30	31	32	33	34	35	36	37	38	39
40	㊶	42	43	44	45	46	47	48	49
50	51	52	53	54	55	56	57	58	59
60	61	62	63	64	65	66	67	68	69
70	71	72	73	74	75	76	77	78	79
80	81	82	83	84	85	86	87	88	89
90	91	92	93	94	95	96	97	98	99
100									

（表１）

T11：どうして間違えているとわかるのでしょうか。
C：（……。）
T12：では、どうしたら24になるかやってみましょう。
C8：下に2回動いているから2回勝ったと思います。
C9：横に4回動いているから4回負けたと思います。
C10：何回目に勝ったかは分からないけれど、2回は勝っています。
C11：何回目に勝ったかは関係なくて、とにかく2回勝って4回負けたら24にいきます。
T13：では、とりあえず初めに2回勝って、そのあと4回連続で負けたとしましょう。勝ちを○、負けを×で表すことにすると、Aさんは次のようになりますね。
　　　○、○、×、×、×、×
T14：そうすると、Aさんのペアのｂさんはどうなりますか。
C12：×、×、○、○、○、○になります。
T15：では、Ｂさんのおはじきは本当はいくつの場所にあるのか、数の表で確かめてみましょう。
C13：42になりました。
T16：同じように考えて、45や68のペアは、本当はどこにおはじきがあるはずか考えてみましょう。
C14：45は4回勝って、5回負けたのだから、ペアは5回勝って、4回負けたはずです。だから54にあるはずです。
C15：68の場合は、6回勝って、8回負けたということだから、ペアは8回勝って、6回負けたことになるので、86になります。
T17：正しい場所におはじきを置くと、このようになりますね。このことからどんなことが分かりますか。（表2）
C16：ペアの2つの数が反対になっています。
C17：十の位と一の位の数が逆になっています。

[考]T12は、演繹的な考え方を促す発問をする。

[評]C11は、演繹的な考え方をしている。

[考]T13は、記号化の考え方を経験させる。

[手]実際に黒板の数表で視覚的に動きを見せる。

[手]児童にまずは考えさせてから、全体で黒板の数表を使って確かめる。

[手]黒板の数表で、正しい位置にあるおはじきを見せる。
[評]C16、C17、C18は、3組の数から、帰納的な考え方をし

	0	1	2	3	4	5	6	7	8	9
		1	2	3	4	5	6	7	8	9
	10	11	12	13	14	15	16	17	18	19
	20	21	22	23	㉔	25	26	27	28	29
	30	31	32	33	34	35	36	37	38	39
	40	41	㊷	43	44	45	46	47	48	49
	50	51	52	53	54	55	56	57	58	59
	60	61	62	63	64	65	66	67	68	69
	70	71	72	73	74	75	76	77	78	79
	80	81	82	83	84	85	86	87	88	89
	90	91	92	93	94	95	96	97	98	99

（表2）

C18：ちょうど0から99にななめの線を引くと向かい合った場所にあります。

T18：いいことに気付きましたね。そうすると、Aさんが37のときには、Bさんはどこになりますか。

C19：3と7が反対になって、73です。

C20：数の表で37と73も向かい合っています。

T20：このようにして考えると、おはじきの置き方が間違っていないかいつも確かめることができますね。

T21：今日の勉強で見つけたことを発表しましょう。

C21：勝ったときには、下に1進めばいいことです。

C22：間違っていないかを確かめるときには、二人の数が反対になっているかどうかを見ればいいです。

C23：二人の数がななめの線で向かい合っていました。

まとめ

2人のおはじきが、ちょうど反対に動いていることがわかった。【対応の考え】

ている。

評 C19・C20は、帰納的な考え方をしている。

手 発表の前に各自にノートに書かせることで、個々の評価材料とする。

手 児童の発表を価値付ける形で、大切な考え方をまとめる。

6　発展的考察

　この他にも、第2学年以上で、ななめの数の列の増え方、また右上から左下に向かうななめの数の増え方のきまりを見付け、なぜそのようになるのかを考える学習も展開できる。また、第4学年以上であれば、数表の中の数を3×3の正方形で囲み、その頂点に数の和や全体の数の和を簡単に求める方法を考えるというような学習もある。この場合も、数表の数が横に1増え、縦に10増えることを使って説明することが可能である。これをもとに、4×4、5×5の正方形だったらどうなるかと発展的に扱うこともできる。また、カレンダーのような数表を用いて、横、縦、ななめの増え方のきまりに着目したり、そのきまりを10ずつ並べた数表と比較し、統合的に考えさせたりする学習等、数表を用いた学習は多様である。

第1部　第1学年の指導事例

第2章　第1学年の基礎学力および高次の学力を育てる指導事例　発展

第16節　抜けている数を見付ける方法

1　本事例の強調点

　100より大きい数では、十進位取り記数法のよさや10を単位とする見方や数の構成について学習する。また、100までの数表から、数の並び方に関するきまりを見い出し、数の構成について多様な方法で表現できる力の基礎を育んでいく。

　本事例では、120程度までの数の表記、読み方や数の構成について学習をした後、数枚を抜いた1から100までのカードを使い、抜けている数を当てる活動をする。抜けた数を考える過程では、数の並び方を帰納的な考え方を用いて、「なぜ、○○という答えになるか」簡潔明確に表現する活動を重視したい。そして、数の順序や配列につい規則性があることや数を十進構造で見ることのよさを、数表作成の活動を通して実感させていく。

2　本時の目標

　数表を作成する活動を通して、数の並び方の規則性を考えたり、その規則性を使って分かりやすく説明したりすることができる。

3　準備

WEB …WEBサイトからダウンロード可

- 数表（右図）WEB
  - ワークシート（児童用）
  - 掲示用（拡大したもの）
- 数カード（1から100まで）掲示用
- 指導案 WEB

1	2	3	4	5	6	7	8	9	10
11	12	13	14	①	16	②	18	19	20
21	22	23	24	25	③	27	④	29	30
31	32	33	34	⑤	36	37	38	39	40
41		43	44	45	46	47	48		50
	52	53		55	56		58	59	
61	62	⑥	64		66				
71	72	73		75	76		78	79	80
81	82	83	84		86	87		89	90
	92		94		96		98		100

4　指導計画（16時間）

第1～5時　　2位数の唱え方、読み方、書き方、構成の理解をする。
第6時　　　　100の唱え方、読み方、書き方の理解をする。
第7時　　　　数の並び方の規則性に気付き、数の規則性や構成の理解を深める。（本時）
第8時　　　　100までの数の系列や大小を理解する。
第9時　　　　120程度までの数の唱え方や系列の理解をする。
第10～12時　2位数の構成をもとにした加減計算をする。
第13～16時　まとめ

5 展開

（1）問題把握ときまりを見付ける（全体で）

考 数学的な考え方　評 評価　手 手立て

T1：1から100までのカードを並べようとしています。けれども、カードがなかったり裏返しになったりしています。完成させたいので、早くて、簡単で、間違いがないように並べる方法を考えましょう。

T2：まず、カードの並び方から気付いたことはありますか。

C1：1から10まで横に並んでいます。

C2：10の下は20で、20の下は30です。

C3：下に10ずつ増えます。

C4：横に1ずつ増えています。決まった数ずつ増えているようです。

1	2	3	4	5	6	7	8	9	10
11	12	13	14	①	16	②	18	19	20
21	22	23	24	25	③	27	④	29	30
31	32	33	34	⑤	36	37	38	39	40
41		43	44	45	46	47	48		50
	52	53		55	56		58	59	
61	62	⑥	64		66				
71	72	73		75	76		78	79	80
81	82	83	84		86	87		89	90
	92		94		96		98		100

（表1）

T3：色々な数の並び方のきまりに気付きましたね。数の列を縦や横に見ていくと、数が増えていることに気付いたのですね。では、①のカードの数も並び方のきまりを使って考えてみましょう。同じように見ていくと分かるのでしょうか。

T4：はじめに、裏返しになっているカード①はいくつですか。

C5：15です。

T5：カード②はいくつですか。

C6：17です。

T6：なぜそう思ったのですか。

C7：右に1ずつ大きくなっているので、そう考えました。

C8：11から数を横にみると、2とびで数が増えます。

T7：確かめてみましょう。（表に返す）15と17でした。

T8：③や④はいくつになりますか。

C9：22, 24だからこの並び方も2とびで増えるので、③は26、④は28になります。

```
      +1  +1  +1  +1  +1  +1  +1  +1  +1
   ┌─┐┌─┐┌─┐┌─┐┌─┐┌─┐┌─┐┌─┐┌─┐
   1  2  3  4  5  6  7  8  9  10
   11 12 13 14 15 16 17 18 19 20
   21 22 23 24 25    27    29 30
        └──┘└──┘└──┘
          2とびで増える。
```

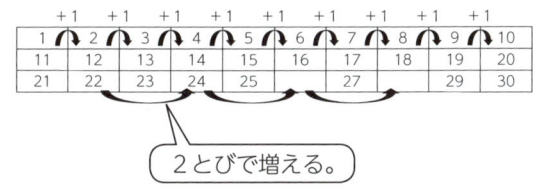

（いくつか数が書かれていない**数表1**のワークシートを配る。①から④に数を記入するように指示する。）

考 T1は、目的・内容を明確にするための発問である。

手 数の増え方に注目し、数の並び方を関数的にまた帰納的に考えている発言を板書していく。

評 C3やC4は、**関数的な考え方**をしている。

考 T3は、帰納的に考えを促す発問である。

評 C7・C8は**帰納的な考え方**をしている。

手 数表のワークシートを配布して、見つけたきまりを書き込めるようにする。

1	2	3	4	5	6	7	8	9	10
11	12	13	14	15	16	17	18	19	20
21	22	23	24	25	26	27	28	29	30
31	32	33	34	⑤	36	37	38	39	40
41	42	43	44	45	46	47	48	49	50
51	52	53	54	55	56	57	58	59	60
61	62	⑥	64		66				

(2) ⑤以下を各自で考え、その後に発表する

T9：①から④は2とびのきまりがありましたね。次は、カード⑤はいくつになりますか。

C10：C3のきまりを使うと分かります。

C11：5から下に進むと、5，15，25と10ずつ増えます。25に10増えるので、⑤は35になります。

C12：45から10ずつ減るから45，35，25，15，5となって、⑤は35になります。

T10：並び方のきまりも1つだけではないようですし、1ずつ増えたり減ったりなど似ているきまりもあるようですね。

C13：C4のように31から横に進むと、1ずつ増えるから31，32，33，34になり、⑤は35になります。

C14：40から1ずつ減って40，39，38，37，36となって⑤は35になります。

1	2	3	4	5	6	7	8	9	10
11	12	13	14	15	16	17	18	19	20
21	22	23	24	25	26	27	28	29	30
31	32	33	34	35	36	37	38	39	40

+1 +1 +1 +1 +1 −1 −1 −1 −1

T11：では、カード⑥はいくつになりますか。

C15：3，13，23，33，43，53となるので、C2と似ているから⑥は63になります。

T12：どんなきまりを使って63という答えになりましたか。

C16：数を縦にみた並び方で10ずつ増えるきまりです。

T13：並び方と増え方などを入れて分かりやすく説明しましょう。

C17：1ずつ増えるきまりと同じで、61，62だから⑥は63になります。

C18：1増えるきまりと似た考え方で、数を左横に進むと、1ずつ減ります。70，69，68，67，66，65，64，63となるので、⑥は63です。

T14：他の見方や似た見方で63と分かった人はいますか。

C19：数を縦に下へみていくと、10の位が1，2，3・・・と大きくなって1の位は変わらないから、3，13，23，33，43，53で⑥は63になります。

C20：数を縦に上にみても1の位は3のままで10の位が9，8，7と変わるから⑥は63になります。

T15：10の位や1の位に注目して、表を縦に上下にみても、

評 C11・C12・C14は、帰納的な考え方を使って説明しようとしている。

評 C11・C13は、類推的な考えを使って考えている。

考 T13は、問題の目的・や内容を明確にするための発問である。

考 C15、C17、C18は、類推的な考えである。

考 C19、C20、C21、C22は、帰納的な考えである。

考 T15は、帰納的な考えを促

⑥が63と分かりますね。他の見方や似た見方で63と分かった人はいますか。

C21：9から斜め下に見ると、9, 18, 27, 36, 45, 54, と9ずつ増えるから、⑥は63です。

1	2	3	4	5	6	7	8	9	10
11	12	13	14	①	16	②	18	19	20
21	22	23	24	25	③	27	④	29	30
31	32	33	34	⑤	36	37	38	39	40
41	42	43	44	45	46	47	48	49	50
51	52	53	54	55	56	57	58	59	60
61	62	⑥	64		66				

（+10）（+9）（+1）（−1）

T16：斜めに見ると、9ずつ増えたり減ったりしますね。

C22：C21と似た方法で、81から斜め上に見ると、81, 72と9ずつ減るから⑥は63です。

1	2	3	4	5	6	7	8	9	10
11	12	13	14		16	②	18	19	20
21	22	23	24	25	③	27	④	29	30
31	32	33	34	⑤	36	37	38	39	40
41		43	44	45	46	47	48		50
	52	53		55	56		58	59	
61	62	⑥	64		66				
71	72	73		75	76		78	79	80
81	82	83	84		86	87		89	90
	92		94		96		98		100

（−9）

T17：この表の中の数の並び方には、いろいろなきまりがあるのですね。それでは、きまりを使って、数を埋めましょう。

(3) 今日の勉強で大事だったことをノートに書かせる

まとめ

1. 数の並び方にはきまりがあった。【関数的な考え方 帰納的な考え方】
2. 似た並び方から、同じようなきまりがあるだろうと考えた。【類推的な考え】

す発問である。

🖐自分が見つけたきまりや友達が見つけたきまりをシートに記入するように促す。

📝数表のきまりをもとに、わけを説明しようとしている。(演繹的な考え)

6　発展的考察

　こうした数表の見方は、9＋3や12−3など、20までのたし算とひき算の発展において学習することもできる。このような取り組みを事前に学習しておくと、さらに多様な方法で数列をみることができると考える。

　また、0から始まる数表を使ったり、数の見方を工夫することで、多様なきまりを児童は見付けることができ、学習意欲を高める展開が期待できる。

　加えて、2年生のかけ算九九表のきまり、数を200まで拡張した数の並び方のきまりなど、各学年において学習した計算技能を用いてきまりを見付けることができる。

第2部

第2学年の指導事例

第2部 第2学年の指導事例

第1章 第2学年の望ましい指導案と指導事例　A 数と計算

たし算（ひき算）の筆算

1　本事例の強調点

　たし算（ひき算）の筆算では、同じ位の数字を、縦に揃えて書く。この書き方の工夫は、非常に優れたものである。これは、右のように、横書きの式と、縦書きの筆算形式を比べるとよく分かる。加える2つの数が、横書きでは離れており計算しにくいが、筆算では2つの数字が縦に揃ってすぐ近くにあるので非常に計算しやすくなる。ここによさがある。

$$35 + 28 \quad\quad \begin{array}{r}35\\+28\end{array}$$

$$\begin{array}{r}35\\+28\\\hline 17\\50\\\hline 67\end{array}$$

　筆算の同じ位の数字を縦にそろえる書き方は、1、10、100、…の単位を、単位の個数を表す算用数字を書く位置で表す十進位取り記数法の原理に基づく**表現の工夫**である。そこには、**表現の考え**が働いているといえる。また、計算の際の**思考・労力を節約しようとする**必要をもつと、筆算の縦書きのよさが実感できるであろう。
　このようなことから、本事例では、筆算のようなうまい書き方の必要をもたせ、**筆算のよさ**が分かることを重視し、そのため、筆算の導入を、繰り上がりのある場合に行って指導を工夫した。そして、できるだけ、**思考・労力を節約しようとする態度**の大切さも印象づけたいと考えた。
　なお、上の例で、5と8をたして繰り上がった10を忘れないようにメモしたり、50の「0」を省略したりする工夫は次時で扱う。

2　本時の目標

・繰り上がりのある2位数の加法計算の仕方を、前時の繰り上がりのない場合から**類推して**考え、前時と同様の仕方でできることが分かる。
・式の形で計算するときの不便さの解消・軽減の必要（**思考・労力を節約しようとする態度**）をもち、その工夫として、同じ位の数字を縦に揃えて書く**筆算のよさ**が分かる。

3　準備

・文章題（P89のT2が掲示した問題）が書かれた掲示用の紙　　・児童各自に配る問題文

4　指導計画（4時間）

第1時	34＋20、34＋25など繰り上がりのない2位数の計算の仕方を見いだす。
第2時	35＋28のような繰り上がる場合も、前時と同じ仕方だと分かるが、計算の不便さから工夫の必要をもち、筆算を知り、よさが分かる。（本時）
第3・4時	十の位への繰り上がりのある2位数どうし、2位数と1位数のたし算の筆算の、より簡便な仕方が分かり、これに慣れる。

5 展開

（1）課題をとらえる

※初めに、駄菓子屋さんで売っているお菓子やおもちゃが人気がある話をして関心もたせる。

T1：（口頭で）値段をネットで調べてみたら、こんなのがありました。うめコンブ35円　スーパーボール28円。どちらも1個の値段です。1個ずつ買うといくらでしょう。

C1：値段をもう一度言ってください。

T2：言っただけでは、分かりにくいですね。（下の問題を黒板に貼り、児童には配付し、ノートに貼らせた後、音読させる。）

> 1こ　うめコンブ35円　スーパーボール28円です。
> 1こずつ買うと、いくらでしょう。

T3：どんな式になりますか。ノートに式だけ書きましょう。
C：（全員が、35＋28　と書く。）
T4：35＋28ですね（板書）。この式でよいわけを言いましょう。
C2：1個ずつ買うのだから、35円と28円を合わせるので、35＋28です。（「同じです。」の声）
T5：みんなの説明でいいですね。では、35＋28を計算して答えを求めましょう。

（2）各自、35＋28の計算をして答えを求める

T6：自分で思いついた仕方で計算しましょう（机間指導）。
C3：35＋28＝63　　答え　63円
　　　50＋13
C4：35＋28＝63　　答え　63円
　　　3＋2＝5 ➡ 50
　　　5＋8＝13　　50＋13＝63
C5：35＋28＝63（念頭で求める）　答え　63円
C6：35＋28＝18　　35＋28＝　　35＋28＝63
　　　　5　13　　　　5　13　　　　50　13
　　（3＋2の5は本当はいくつ？の助言後、正解へ）答え　63円
C7：35＋28＝63（筆算で求める）　答え　63円

（3）計算の仕方の検討と正しい答えの確認、前時と同じ仕方でよいことの確認をする

T7：みんな答えが出たようですね。答えはいくらですか。
C8：63円です。（「同じです。」の声）
T8：みんな63円ですが、それでよいかな？計算の仕方を確かめましょう。（この後、以下のように進める。）

手 初めの話やT1は、問題への興味・関心をもたせるようにするためである。

評 C1は、**問題を明確に把握しようとしている**とみられる。

手 T3は、35＋28の計算の仕方を考えることを課題とするためである。そして、演算決定は容易なので、確認は手短に行い、T5で課題をつかませる。

手 T6は、児童が自分なりに自由に考えるようにするためである。
評 C3〜C6は、**類推的に考えている**とみられる。

> ①児童が、どんな数学的な考え方をしているとみるかを明確にする。

手 C7には他の方法も考えるよう指示する。

考 T8は、各自の計算の仕方の検討の必要をもたせ、①で計算

① **C3 → C4 → C5** の順に発表させ、計算の仕方が正しいことを児童と一緒に検討・確認する。発表以外の児童には、自分の仕方がどれと同じかを明確にさせる。**C4** では、**C6** のように誤りを修正した例にふれ、十の位の和の 5 は 50 であることを確認する。**C5** では、念頭で **C3** のように行ったことを確認する。
② 答えは 63 円で正しいこと確認する。
③ **C3**、**C4** に代表されるように、前時と同じ仕方でよいことを明確にする。

T9：さて、みなさん。63 ＋ 28 を計算するのに、前の時間のときと同じようにしようと考えたのですか？
C9：同じようにしようと考えました。（「同じです。」の声）
T10：前に勉強したのと似ていると思ったら、それと同じようにしようと考えるのは、とても大事な考え方です。

（4）前時と同じようにすればよいが、繰り上がりありの計算では不便さがあり、解消・軽減したいという気持ちをもつ
T11：それでは、ここで、きょうの計算を振り返ってみましょう。前の時間の計算と比べてどう思いましたか。
　　（35 ＋ 24 ＝ 59　　35 ＋ 28 ＝ 63　を示す）
C10：ちょっと不便です。
C11：前のは、十の位の 3 と 2、一の位の 4 と 5 をたすだけでパッと 59 と出せるけど、今日のは、同じようにやって、十の位の 3 と 2 で 5。でも、本当は 50 だから、50 ＋ 13 をするので、面倒で、不便です。もっと楽にできるとよいです。
C12：10 のまとまりと 1 のまとまりのやり方も、50 ＋ 13 で間違えないけど、ちょっと面倒。もっと簡単にしたいです。
T12：なるほど。…　みんなそう思いますか。
C：そう思います。
T13：そうですね。もっと楽に簡単にできるといいですね。
C：（うなずく。）……

（5）筆算を知り、横書きと筆算を比べ、筆算が計算しやすいわけに気づき、それがよさであることが分かる
T14：実は、もっと楽に簡単にできる仕方があるのです。
　　　それは、このように書くのです。
　　（図1のように、35 ＋ 28 を筆算形式に書く。）　　　35 ＋ 28　⇨　　35
　　　　　　　　　　　　　　　　　　　　　　　　　　　　　　　　　＋ 28
T15：では、本当に計算しやすくなるかどうか実際にやってみましょう。　　　（図1）
　　（児童に、板書のように、ノートに書かせ、児童と一緒に **C3** や **C4** の仕方を図2のように筆算の書き方にしていく。）

の仕方が正しいかを、数の意味や前時の計算から、説明したり、解釈したりするようにするためである（**演繹的な考え方**）。

②数学的な考え方を引き出す手立てを明確にする。

考 T9 は、**類推的な考え方**をしたことの自覚を促し、T10 は、その大切さを強調するものである。

評 C11・C12 は、不便さから、その解消・軽減の必要（**思考・労力を節約しようとする態度**）をもっているとみられる。

考 T13 は、思考・労力を節約しようとする態度をもたせようとするもの。

手 T15 で、計算過程が分かるよう 2 段書き（図2）にする。また、13 を先に書くことにし、そのよさは次時に明確にする。

T16：どうですか。計算しやすくなりますか。
C：計算しやすくなります！
T17：よかったですね。
　　これを「筆算」と言いますが（「ひっ算」と板書）、計算しやすいわけを、横書きと比べて考えてみましょう。

```
  35       35       35
＋28  ⇨  ＋28  ⇨  ＋28
          13       13
                   50
                   63
```
（図2）

（2分ほど隣同士や近くの児童で考えを述べ合わせる。）

T18：計算しやすいわけが分かりましたか。（板書の筆算のところで説明するよう指示）
C14：（板書の筆算を指しながら）十の位と一の位の数がそろっていて、その下にたした数を書くので楽です。
C15：横書きは同じ位の数字が離れて見にくいけれど、筆算は縦にすぐ下に書くのですごく見やすいです。
C：（他にも同様の趣旨の発言が出る。）
T19：筆算は、**同じ位の数字を縦にそろえて書くので見やすくて計算が楽になります**。この**書き方が筆算のよいところ**です。

（6）学習のまとめをする
T20：今日の学習で大切なことをまとめましょう。大きく3つです。（児童と共に、次のようにまとめる。）

> ① 前に学習したのと似ていると思ったら、それと同じようにしてみようと考える
> ② 横書きの計算は**不便だな。もっといい方法はないかと考える**
> ③ 筆算は、**同じ位の数字を縦にそろえて書く。**
> 　　　　　　　（筆算のよいところ）

🖐 T17は、横書きとの対比で筆算のよさに気づかせ、一部児童による進行でなく、全員参加のためである。

③望ましい問題解決活動のための手立てを明確にする。

評 C14・15は、横書きとの対比から、筆算の書き方の優れている点（よさ）を明確にとらえている。

④まとめでは、目標に即し、どのような考え方が大切だったか、数学的な考え方を明確する。また、獲得した知識・技能（本時は「筆算のよさ」）を整理する。

6　発展的考察

（1）ひき算の場合も、繰り下がりありの場合に、筆算すればよいことや、その工夫をたし算の場合から**類推**し、筆算に慣れるようにする。
（2）第2学年の後半では、「3位数＋1、2位数」、「3位数－1、2位数」で繰り上がり、繰り下がりのあるいろいろな場合について、**筆算の縦にそろえて書く書き方だからできる工夫**によって、計算しやすくなることに目を向け、筆算に慣れるようにする。

```
            1              3        3
  35       35       45       45
＋28  →  ＋28    －28  →  －28
  13       63        7       17
  50                10
  63                17
```

（3）第3学年では、4位数、3位数のたし算、ひき算を、第2学年の学習を基に、類推的に考えていくようにする。そして、同じ位の数字を縦にそろえる書き方が、十進位取り記数法の原理に基づく**表現の工夫**であることにも気づくようにしたい。

第2部 第2学年の指導事例

7 指導案

単元における位置（指導計画）・本時の目標・準備等は、「5．展開」（P89）の指導事例と共通

展　開

教師の活動	児童の活動	考 数学的な考え方 評 評価　手 手立て
1　課題把握		
※駄菓子屋さんで売っているお菓子やおもちゃに人気がある話から始め、ネットで調べた値段として、口頭で問題を提示する。値段を正確に知りたいとの発言を待って問題文「1こ　うめコンブ 35 円　スーパーボール 28 円です。1こずつ買うと、いくらでしょう。」を貼る。次いで、問題を配りノートに貼らせ、音読させる。		
T1：（立式だけさせ、児童の 35＋28 を板書し、この式でよいことを確認する。） T2：では、35＋28 を計算して答えを求めましょう。	C：（全員が、35＋28 と書く。） C1：（35 円と 28 円を合わせたお金を求めるのでといった趣旨の説明をする。）	手 T1 で、立式で止めるのは、計算の仕方を課題とするため。また、35＋28 でよいことの確認は手短かに行う。 手 T2 で課題を示す。
2　自力解決 T3：自分で思いついた仕方で計算しましょう。 （机間指導をし、手立てが必要な児童に個別に行う。人数によっては、前に集める。）	C2：35＋28＝63　答え 63 円 　　　╲╳╱↗ 　　　50＋13 C3：35＋28＝63　答え 63 円 　　3＋2＝5 ⇒ 50 　　5＋8＝13　50＋13＝63 C4：35＋28＝63　答え 63 円 　　（念頭で求める） C5：35＋28＝18 　　　╲╳╱↗ 　　　5＋13 として、18 を消して止まる。 C6：35＋28＝63　答え 63 円 　　（筆算で求める）	評 C2・C3・C4・C5 は前時の仕方から**類推している**とみられる。 手 C4 には求め方の説明を書くよう指示。 手 C5 には「5（3と2の和）は、本当の大きさは幾つか？」と尋ねる。 手 C6 には他の方法も考えるように指示する。
3　発表・検討		
※まず、答えだけ発表させ（63 円と予想される）、どう求めたかということで進む。		
T4：では、計算の仕方が正しいかを確かめましょう。（①〜③と進める。）①C2 → C3 → C4 の順に発表させ、計算の仕方が正しいことを検討・確認。答えは 63 円で正しいこと確認。③C2、C3 に代表さ	C7：（①C2 → C3 → C4 の順に発表。聞く側の児童は自分の仕方と同じかどうかを考えながら聞く。皆で質疑をして正しいかどうかを判断。②答えは 63 円でよいことを確認。③教師の発問に、考え、答えていき、今日の計算も前時と	考 T4 は、計算の仕方が正しいかどうかを、数の意味や前時の計算から、説明、解釈することを促すため。（**演繹的な考え方**） 手 ①では、C3 が C5 の誤りを修正した例から、十の位の和 5 の意味を確認。C4 では

92

第2学年の指導事例　第2部

| れる前時と同じ仕方でよいことを明確にする。) | 同じ仕方でよいことを明確にする。) | 念頭でC2のようにしたことを確認。 |

※この後、63＋28を計算するときに、前時の仕方から**類推した**ことを確認し、それが大事な考え方であることを強調する。

| T5：ここで、きょうの計算を振り返りましょう。前の時間の計算と比べてどう思いましたか。(35＋24＝59　35＋28＝63　を示す)
 T6：(全体にも同様に思うか確認し)もっと楽にできるといいですね。 | C8：ちょっと面倒です。
 C9：前は、十の位の3と2、一の位の4と5をたせばじかに59と出せる。きょうも十の位の3と2で5だけど、本当は50だから、50＋13をするので面倒です。
 C：(うなずく。) | 🖐T5は、計算は前時と同様にすればいよいが、不便な点があり、解消・軽減の必要をもつきっかけを引き出すため。
 💭T6は、**思考労力を節約しようとする態度**をもつようにするため。 |

※ C8、C9の発言や児童のうなずきから、
（図1）のように、黒板に筆算の形に書く。
次いで、本当に計算しやすくなるかどうか、
（図1）のようにノートに書かせ、児童と一緒に
C2やC3の仕方を（図2）のように筆算の書き方にしていく。
そして、面倒さが減り、計算しやすいことを確認する。

```
  35        35      35      35
+ 28      + 28 ➡ + 28 ➡ + 28
(図1)                13      13
                    50      50
                            63
                         (図2)
```

| T7：(「ひっ算」と板書し)計算しやすいわけを、横書きと比べて考えてみましょう。(2分ほど隣同士の児童で考えを述べ合わせる。)
 T8：計算しやすいわけが分かりましたか。(板書の筆算を指しながら説明させる。さらに、C10やC11を受け、同じ位の数字を縦に揃うので見やすく計算が楽なこと、この書き方が筆算のよいところだと強調。) | C：(隣同士や近くの児童同士で自己の考えを述べ合う。)

 C10：十の位と一の位の数がそろっていて、その下にたした数を書くので楽です。
 C11：横書きは同じ位の数字を間違えやすいけれど、筆算は縦のすぐ下にあるのですごく見やすいです。 | 🖐T7は、横書きとの対比で筆算の優れた点に気づかせ、また、一部の児童による進行でなく、全員参加のため。

 📋C10・C11は、横書きとの対比から、筆算の書き方の優れている点を明確にとらえている。 |

4　まとめ

「今日の学習で大切なことをまとめよう」ということで、3つ、児童と共に次のようにまとめる。
① 前に学習したのと**似ている**と思ったら、**それと同じようにしてみよう**と考える。
② 横書きの計算は**不便だな。もっといい方法はないか**と考える。
③ 筆算は、**同じ位の数字を縦にそろえて書く**。

　　　　　　　　　　　　　　　　　筆算のよいところ

第2部 第2学年の指導事例

第2章 第2学年の基礎学力および高次の学力を育てる指導事例 　A 数と計算

第1節　分数（$\frac{1}{2}$）

1　本事例の強調点

　子どもたちは、日常生活の中で「半分」という語を、「同じ大きさに2つに分けたとき」と「単に2つに分けたとき」の両方の場合に使っている。分数の素地指導を行う第2学年では、このように、生活の中で使ってきている「半分」について、同じ大きさに2つに分けたときの半分を、そうでない半分と区別して表す必要をもたせることが、指導の入口として重要ではないかと考える。そして、同じ大きさに分けたときの半分を、「二分の一」と言い、$\frac{1}{2}$と書くことを教える。分数の意味の指導は、これを受けて、第3学年で行う。

　本事例では、はじめに、普段使っている「半分」と言っている具体的な場合を語り合う場を設定し、「半分」を、同じ大きさに2つに分けたときの半分（ちょうど半分）と、そうでない半分の両方に使っていることを思い出させる。そして、特にちょうど半分にしたときを、そうでない半分と区別するための表し方が必要（違いを明確にしようとする）をつかませる。さらに、その表し方を別の言い方をしようと考えさせ、同じ大きさに2つに分けたときの半分を、「二分の一」と言い、$\frac{1}{2}$と書くことを知らせる。

　また、正方形の折り紙を折るなどの活動を通して、ちょうど半分とそうでない半分との違いをとらえやすくする。

2　本時の目標

・きちんと半分にしたときと、そうでない半分を区別して表そうとする。
・ぴったり半分にした大きさをもとの大きさの二分の一といい、$\frac{1}{2}$と書くことを知り、折り紙等を折ってもとの大きさの二分の一をつくり、分数で表現することができる。

3　準備

・折り紙（多数）　・ノート　・ロールケーキ（絵）　・ピザ（絵）

4　指導計画（3時間）

第1時　　きちんと半分に分けたときとそうでないときを区別して表そうと考え、$\frac{1}{2}$の意味と書き方を知る（本時）

第2・3時　同じ大きさに4つに分けた1つ分の大きさの表し方について考え、$\frac{1}{4}$の意味と書き方を知る。

5 展開

数学的な考え方 **評価** **手立て**

(1) 生活の中での「半分」の使い方を思い出す
T1：半分とはどのような時に言いますか。
C1：おかしを半分にする。
C2：ジュースを半分飲む。
C3：鉛筆を半分使う。
C4：ノートを半分使う。
C5：本を半分読んだ。
C6：あと半分しかない。
C7：一日の半分。
C8：半分食べた。
T2：なるほど。例えばこういう時ですか。これを見てください。何でしょう。
C9：ロールケーキです。
T3：これは？
C10：ピザです。
T4：先生はロールケーキをこう切りました。（図1）どのように切っていますか？
C11：半分です。
C12：二人で食べるとして食べたい分だけ切った。
T5：半分を使う時は、こういう時なのですね。
C13：はい。
T6：ピザはこう切りました（図2）。どのように切っていますか？
C14：四つ同じ量にしている。
C15：半分の半分。
T7：半分の半分という言い方もあるのですね。
C16：はい。

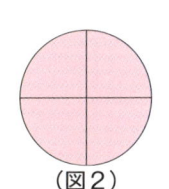

(2) ちょうど半分とそうでない半分を区別する必要をもつ
T8：半分とはどういう風にすることを言うのですか。
C17：同じように分けること。
C18：大体同じくらいに分けること。
T9：「大体」なのですか。
C19：うーん。ぴったり半分がいいな。
T10：「ぴったり半分」と「ちょうど半分」は同じことですか。
C20：はい、同じです。
T11：「半分」と言っても、いろいろなものがありますね。「ちょうど半分」がよいと思うのはどんな時ですか。
C21：友達と何かを分ける時。
C22：プリントを折る時。
T12：プリントを折る時とは、こういうことですか（実際にプ

手 C1～8が発言した「半分」という言葉の使い方や意味を共通認識するために、具体物を見せる。

評 C14は、四半分が同じ大きさになっていることに気付いている。

考 T9は、分数で表現しようとしている「ちょうど半分」を意識できるようにするための問い返し。

リントを半分に折る)
C23：うん、そう。かどとかどとぴったり合わせて…。
T13：なるほど。「ちょうど半分」や「ぴったり半分」にする時があるのですね。
C24：うん、ある。

(3) ちょうど半分を折り紙を折って作り、その別な言い方を考える
T14：では、今日は「ちょうど半分」について学習しましょう。この折り紙を折って、同じ大きさを2つつくりましょう。どうしたらできそうですか。
C25：かどとかどを合わせる。
C26：辺と辺を合わせる。
C27：直角三角形をつくる。
T15：では、やってみましょう。できたらこのプリントを使って元の大きさの半分になっているか確かめましょう。
　※折り紙の操作活動。右のようなワークシートに、正方形の折り紙を折ってできた形を重ねて、確かに元の大きさのちょうど半分になっているかを確かめる活動を行う。
C28：ぴったり重ねればできるよ。
C29：直角三角形ができた。
C30：僕は長方形でもできたよ。
C31：あれ、違う形になった。
T16：できた形を教えてください。
C32：長方形2つ。
C33：直角三角形2つ。
T17：できた形を元の大きさと比べてみたらどうですか。
C34：最初の正方形からみて、半分になっているよ。
C35：かどとかどがぴったり重なる。
C36：大きさは半分。
T18：どんなふうに半分ですか。
C37：ちょうど半分になっています。
T19：さっきのロールケーキを分けた時の半分とは違うのかな。
C38：ロールケーキはぴったり半分ではないかもしれない。
C39：折り紙はぴったり半分と言える。
T20：なるほど。

(4) ちょうど半分の言い方と書き方を知る
T21：みんなが今話したような、「ぴったり半分」にしたものには、別の言い方があります。この折り紙をぴったり同じ大きさに2つに分けた1つ分を、この折り紙の大きさの「二分の一」といい、$\frac{1}{2}$と書きます。だから、みんながつくった形

【ワークシート例】

評 C31は、できた2つの形が違っても同じ大きさになっているか考えようとしている。

考 T17は、元の大きさを意識できるようにするための発問。

評 C36・37は、特に同じ大きさに半分したことを意識し、「ちょうど半分」と表現することができている。

は、この折り紙の何と言えばよいでしょう。
C40：この折り紙の二分の一。
T22：書き方はこうです（図3）。一緒に書いてみましょう。（一人ひとり書くことができているか机間指導）

$$\frac{1}{2}$$ ③ ① ②
（図3）

T23：これは、この画用紙の大きさの二分の一といえますか。（正方形の画用紙とそれを$\frac{1}{4}$に折ったものを提示。）
C41：いえない。
C42：どうしてかというと、二分の一の二分の一だから。
T24：みんな、二分の一について分かったみたいですね。
　今日は、二分の一について学習しました。読み方や書き方は分かりましたか。
C43：きちんと半分にすると「二分の一」と言うとよいことが分かりました。

> 評 **C42**は、「きちんと半分」になっているものを「二分の一」という分数で表現している。

まとめ

1. 「ちょうど半分にわけた半分」を、「ただ2つにわけた半分」と区別して、別の言い方にするとよいと考えた。【集合の考え】
2. 「ちょうど半分にわけた半分」を「にぶんのいち」といい、「$\frac{1}{2}$」と書く。

6 発展的考察

この素地的な学習の後では、例えば正方形の折り紙の$\frac{1}{2}$なら、下の図の①、②、③だけでなく、④、⑤のように、離れた大きさの合計であってもよいこと、⑥のようにもとの形は正方形に限らないことをつかませることも考えられる。

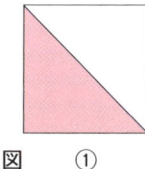

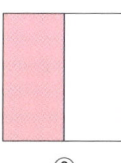

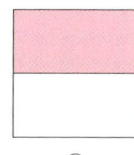

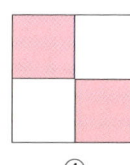

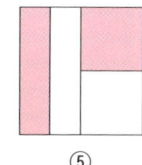

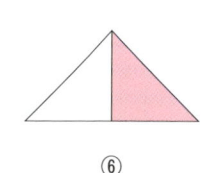

図　①　②　③　④　⑤　⑥

（「算数教育学概論」片桐重男著　東洋館出版社より）

第2節 100をこえる数

第2部 第2学年の指導事例
第2章 第2学年の基礎学力および高次の学力を育てる指導事例　A 数と計算

1　本事例の強調点

　第1学年では、徐々に数に広がりをもたせながら100を少し超える程度までの数について学習すると同時に、具体物などを用いて、数の構成や表し方についても学習してきている。また、「数」の意味についても、数の概念形成を深める学習を進めてきた。第2学年でも同じ観点に立ち、さらに数に広がりをもたせ、数範囲を拡張しながら数の世界を広げていく。

　2年の学習の第1時の本事例では、まず、今までに数えたことのない200個前後のものを数える必要をもたせることを大切にしたい。そのため、児童が数えたいと思うものを数えるという課題を設定し、自分なりの数え方で課題を解決していく意欲をわかせるようにする。

　そして、児童から多様な考え方を引き出すために、どんな数え方をしたいかの見通しの交流の場を設ける。また、適当な大きさとして10ずつまとめる方法が数えやすいという意見をとらえ、本当に10ずつにまとめ、それを10まとめて数えるという数え方が数えやすいことを、1つずつ順に唱えていく数え方を実際に行って対比し、実感させるようにする。

　さらに、数えるときに印をつけたり、10ずつ線で囲んだりして数えるという数え方に対して、この数える紙（絵）を汚してはいけない場面に直面させ、どうするとよいかを考えさせることで、数えやすいものに置き換えるという数え方の工夫についても考えさせる。

2　本時の目標

・十進位取り記数法の仕組みを基に、100より大きい数を読んだり、書いたりできる。
・場面に応じて、数え方の工夫ができるようにする。

3　準備

（WEB）…WEBサイトからダウンロード可

・問題の図（P99の図1）（WEB）児童用（1人2枚ずつ）、掲示用（拡大したもの数枚）　・教科書
・ノート

4　指導計画（7時間）

第1・2時　100をこえる数の数え方を考え、読んだり、書いたりする。（本時）
第3時　　 空位のある3位数を読んだり、書いたりする。
第4時　　 3位数について、数の相対的な大きさを理解する。
第5時　　 1000の構成や表し方を理解する。
第6時　　 1000までの数の順序、系列を理解する。数を多面的にとらえ、表現する。
第7時　　 数の大小関係を理解し、不等号を用いて表す。

5 展開

数学的な考え方 考 **評価** 評 **手立て** 手

（1）問題提示と見通し

T1：こんなにたくさんのビー玉があります。何個あるかな…。どうやって数えたらよいでしょうか。
（ビー玉235個がばらばらに置かれた絵（図1）を提示）

C1：100個よりたくさん。

T2：どうやって数えたらいいかな。これまでにどんな数え方をしてきたかな。

C2：1個ずつ数える。

C3：1個ずつ数えて、どれを数えたか分からなくならないように、印をつけたらいい。

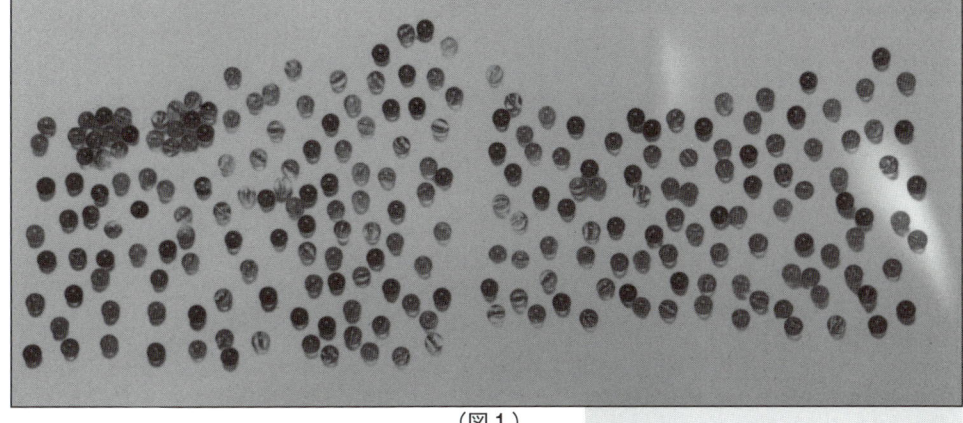

手 T1は、児童の「数えたい」という気持ちを促す。

（図1）

C4：2個ずつ数える。にーしーろーはーとーって。

C5：10ずつ数えて、まとめればいい。

T3：それでは、自分の数え方で、ビー玉が何個なのか数えましょう。

（2）各自で数える

C：（自分なりに、児童用挿絵に書きこみながら数える。）

T：（机間指導し、どんな数え方も肯定評価をする。また、全体で交流するために。数えた跡を必ず残すように指導する。）

（3）数え方を発表し、検討する

T4：自分の数え方を前の図に書きこんで、説明してください。

C6：1個ずつ印をつけながら（図2）数えました。

C7：色で分けて数えました。

C8：2個ずつ線で囲んで数えました。

手 数え始めを一緒に数える。

（図2）

C9：付け加えがあります。2個ずつ数えて、10個になったら

評 C7は、適当な観点によって

線で囲みました（図3）。
T5：なぜ、10個になったら線で囲んだのですか。
C10：10でまとめると、10、20、30、40、50と数えやすいからです。
C11：C10と似ていて、10個ずつまとめて数えると、簡単に速く数えることができました。また、10が10個になったら100だから、100のまとまりを線で囲みました（図4）。

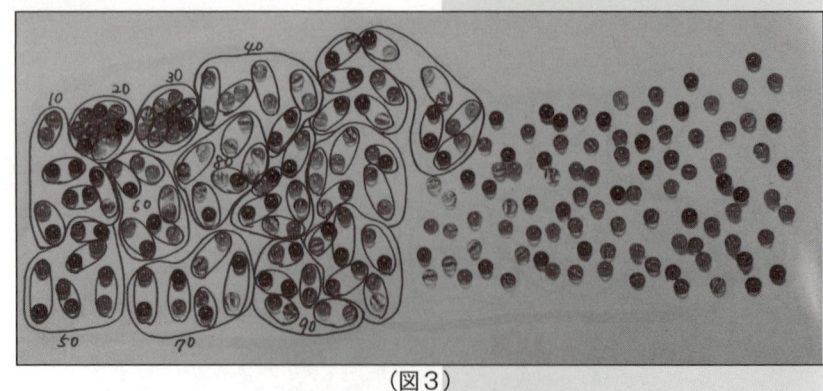

（図3）

(4) 数え方の確認をし、10ずつまとめて数える数え方のよさを実感する

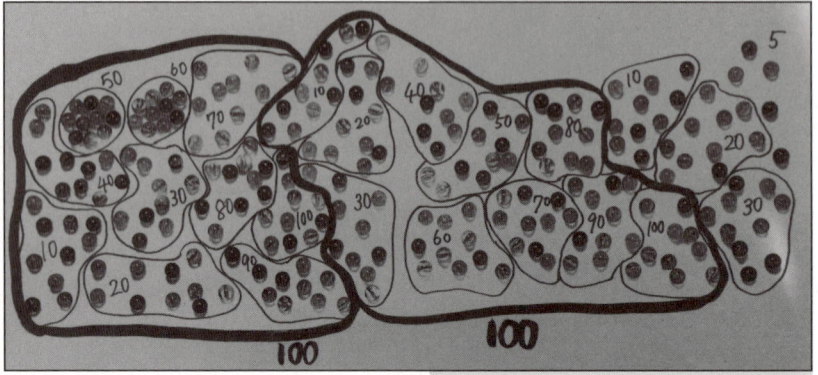

T6：では、10で囲んだあと、どうやって数えるの？みんなで声に出して数えてみましょう。

※以下、児童は、10、20、30、40、50、60、70、80、90、100と数えて、その残りを10、20、30…100と数えて100を線で囲み、さらに残りは10、20、30と5と数える。

T7：本当に10ずつまとめて数える方が数えやすいか、そうでないやり方で数えてみましょう。1から235までずっと言いながら数えてみよう。なるべく速く。
C12：1，2，…11，…91，92…101，102…
T8：（途中でやめさせてから）どう？
C13：時間がかかり、途中でどこまで数えたか分からなくなる。
T9：このように順番に1ずつ数を言いながら数えると大変なことが分かりましたね。だから10ずつ、100ずつまとめていくのがいいのですね。

(5) 3位数の書き方と読み方を知る

T10：たくさん数え方のアイディアが出ましたね。すばらしい。全部で、100と10と1が何個ずつありましたか。

（図4）

分類して数える数え方の工夫。

評 C9は、適当な大きさにまとめて数える数え方の工夫。

評 C11は、適当な大きさにまとめて数える数え方の工夫。

考 T7は、実際に数えさせて、適当な大きさにまとめて数える数え方のよさを実感させようとするもの。

考 T9は、10ずつ、100ずつとまとめて数えるよさの強調。

考 T10は、どんな場面でも数えることができる数え方について考えさせる発問。

C14：100が2個と10が3個と1が5個ありました。
T11：これを、二百三十五と言います。みんなで言いましょう。
C15：二百三十五。
T12：二百三十五を数字で書こう。位取り表を使って説明します。100のまとまりが入る部屋は、「百の位」と言います。
　　百の位、十の位、一の位の位置に数字を書きます。235と書きます。
T13：百の位の2は200を表します。書いてみましょう。

(6) 新しい発展
T14：もう一つ考えてほしいことがあります。この数える紙（絵）が汚してはいけない大切な絵や写真だったら、印をつけたり、囲んだりできません。そのときはどうしたらいいでしょう。
C16：他の紙に、正の字を書いていけば間違えずに数えることができそう。
C17：でも、それじゃあどれを数えたかが分からなくなると思う。
C18：一つ一つのビー玉の上に、ブロックを置いていって、全部おいてから、そのブロックを数えると同じように数えることができます。
T15：やってみよう。
C19：ブロックが足りなくなったよ。
C20：ブロックは40個しかないから、どこまで置いていったかが分かるように置いていって、40個置いたら、それを集めて数を書いていったらどうかな。

(7) 本時のまとめをする
T16：本時のよい数え方についてと、さらなる数え方の工夫、書き方と読み方について次のようにまとめる。

まとめ

〈よい数え方と工夫〉
1. 10ずつ、100ずつまとめていくと、100をこえる数が数えやすくなる。
2. しるしをつけたり書きこむことができないときは、数えやすいものにおきかえて数えるとよい。

〈読み方・書き方〉
3. 100を2個と、10を3個と、1を5個合わせた数を二百三十五といい、235とかく。

考 T14は、数えやすいものに置き換えて数えるという考え方を促す発問。

評 C18は、数えやすいものに置き換えるという、大切な数え方の工夫。

評 C20は、置き換えるものの数が限定されている場合の数え方の工夫。

第2章 第2学年の基礎学力および高次の学力を育てる指導事例　A 数と計算

第3節　3位数の大小比較

1 本事例の強調点

　第2学年では、初めにたくさんのものを10のまとまりを作りながら数える活動をする。このとき、10のまとまりが5つと、10ずつをさらに10まとめた100のまとまりが2つ、ばらのもの4つだとすると、その書き表し方を考え、「254」と書くという十進位取り記数法による3位数の表し方を学習している。

　本事例では、このような学習を受け、数字を書く位置（位）によって、同じ数字でも10倍ずつ大きさが違うという十進位取り記数法に基づいて、3位数の大小を考えたり判断したりする（**表現の考え**）活動を行う。その中で、3位数の大小の比べ方を明確にし、十進位取り記数法についての理解を深めるようにする。また、3位数の大小の関係を簡潔に表す記号として不等号を教える。

　なお、十進法の漢数字「三百六十二」などの表し方と、十進位取り記数法の「362」などを比べ、十進位取り記数法のよさを感じ取らせるようにもする。

2 本時の目標

- 各位の単位の大きさの違いに基づき、3位数の大小を考えたり判断したりする。また、上の位から順に比べるとよいことが分かる。（**表現の考え**）
- 不等号を知り、3位数の大小の関係を不等号を使って表す。

3 準備

- 教科書　・ノート
- 数字カード（0～9まで1枚ずつ計10枚、B5版程度の厚紙にゴム磁石を裏に貼る）

4 指導計画（11時間）

第1・2時	100をこえるものの数え方を考え、数えて結果を読んだり書いたりする。
第3時	空位のある3位数の書き方を考える。
第4時	3位数の大小の比べ方を考え、大小の関係を不等号で表す。（本時）
第5時	数の相対的な大きさを理解する。
第6時	数直線の読み取りを通して、3位数の大小、順序を理解する。
第7時	1000の構成、数の読み方、書き方及び1000付近の数を理解する。
第8時	1000までの構成を多面的にとらえ、数の見方を豊かにする。
第9時	（何十）＋（何十）、（何百）－（何百）などの計算の仕方を考え、理解する。
第10時	数や式の大小、相等関係を等号、不等号を用いて式に表すことができる。
第11時	まとめの学習

第2学年の指導事例　第2部

5　展開

考 数学的な考え方　評 評価　手 手立て

(1) 3桁の数作りゲームをする

T1：前の時間までに、326や310、207など、3桁の数の書き方や読み方を勉強しましたね。きょうは、はじめに、3桁の大きい数を先に作ったら勝ちというゲームをしましょう。
　　一度、先生とやってみましょう。
※黒板に、3マスの表を2つ（図1）書き、3マスは右から一の位、十の位、百の位を表すとする。一方を教師用、もう一方を児童用とする。また、0～9までの数字カードをよく切って裏返して教卓の上に重ねて置く。

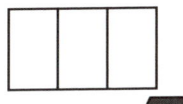

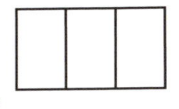

（裏返しに重ねたカード）
（図1）

ゲームは、
　①2人がじゃんけんをし、勝ったほうを先攻、負けたほうを後攻とする。
　②先攻から数字カードを1枚引き、位取り表のどの位に置けばよいかを考えて数字カードを置く。次に後攻がカードを引いて位取り表に置く。
　③これを繰り返し、先に大きい数を作った方が勝ち。
というものである。

T2：（じゃんけんで、教師に勝った4人の中の1名（**C1**）を指名して先攻とし、教師を後攻として）**C1**さんは、迷ったら一度だけみんなにどの位にカードを置くか相談してよいことにしましょう。どうぞ。

C1：（4のカードを引き）…みんなはどこに置いたらいいと思いますか。（**C**：……。）
C2：一の位。
C3：十の位。
C4（**C1**）：（一の位に置く）

（教師）　　　（児童）
　　2　　　　　4
（1回目の結果）
（図2）

※教師は2を引き、一の位へ。（図2）2回目、**C1**は8を引き、百の位へ、教師は6を引き十の位へ。3回目、**C1**は5を引き残りの十の位へ、教師は7を引き、残りの百の位へとなり、児童が勝つ。この後、児童全体を2つに分け、代表者が出て3度ゲームを行う。

(2) ゲームで考えたことを振り返る

T3：このゲームで、考えたことを振り返ってみましょう。1回目にはどの数字カードを引きたいですか。
C5：9のカードです。

考 **T1**によるゲームは、十進位取り記数法（表現）に基づいて、0～9の1つの数字をどの位置（位）に置けばよいか自ずと考えるようにするもの。（表現の考え）

評 **C2**・**C3**・**C4**は、十進位取り記数法に基づいて考えている。（表現の考え）

考 **T3**・**T4**は、一番初めにどの数字を引けば有利か、それを十進位取り記数法に基づいて考

T4：ほかの考えの人は？（C：……。）みんな9のカードのようですね。どうしてですか。
C6：9が一番大きいからです。
C7：だから、9は百の位へ置けば一番いいからです。
T5：他の人もそう思いますか。（図3のように、9の数字カードを置く。）
C：はい。
※以下、数字カードを置きながら進める。

（図3）

T6：では、C7さんが言ったように、9が一番大きいから百の位に置けば一番いいというのはどうしてですか。
C8：十の位に置いたらもったいないです。
C9：一の位だともっともったいないです。
C10：十の位だと、90だし、一の位はただの9だけど、百の位なら900で、一番大きくなります。
T7：なるほど。さっきは、9を1回目で引く人はいなかったけれど、もしも、1回目で9を引いたらこのゲームはどうなりますか。
C11：9を引いた方が勝ちです。百の位へ置けば。
C12：残りのカードは8から下の数だから、いくら百の位へ置いても900より小さいです。
T8：そういうことですね。では、1回目が9ではなく、例えば、1とか2、0だったら？
C13：それなら、一の位へ置きます。
C14：小さい数だから、一番小さい一の位です。
　※以下、6、5、4などの場合についても尋ね、カードの数字によって各位のどこに置けば有利かを考えたのは、数字を置く位によって表す大きさが、大きくも小さくもなるからであることを明確にする。

（3）3位数の大小の関係を不等号で表す

T9：（先のゲームでできた数のメモから図2のように板書し）2度目は1回目で勝負は決まったけれど、続けてもらいましたね。
　※この後、（図4）の結果を児童と一緒に言葉で表現しながら（図5）のように板書していく。

① 762　854
② 781　960
③ 653　142
④ 802　465
（図4）

T10：（図5を指して）ノートに書きましょう。
C15：ちょっと面倒です。（他児からも同様の声）
T11：実は、とても簡単な表し方があるのです。このような記号を使います。

① 762は854より小さい。
② 781は960より小さい。
③ 653は142より大きい。
④ 802は465より大きい。
（図5）

えていた（表現の考え）ことを明確にしようとするもの。

考 T6は、十進位取り記数法に基づいて説明することを促す発問。（演繹的な考え方）

評 C10は、十進位取り記数法に基づいて説明している。（演繹的な考え方）

考 T8は、十進位取り記数法に基づいて考えること（表現の考え）の大切さを明確にしようとするもの。

評 C13・14は、十進位取り記数法に基づいて、数字を置く位置を考えている。（表現の考え）

評 C15は、思考・労力を節約しようとしている。

※不等号を板書し、開いている方が大きいこと、閉じている方が小さいことを表すと教える。
そして、各自に不等号を使ってノートに書かせて発表させ、(図3)の板書の言葉の部分を消して、不等号で表していく(図6)。

① 762 ＜ 854
② 781 ＜ 960
③ 653 ＞ 142
④ 802 ＞ 465
　　　(図6)

(4) 3位数の大小の比べ方を整理し、漢数字による表し方と比べ、数字による表し方のよさを感じる

T12：(図4を指して)数の大きさを比べるとき、最初にどのようにしますか。
C16：まず、百の位の数字を見て比べます。
C17：百の位の数が大きければ、その数は大きいです。
T13：なるほど。ゲームの勝ち負けは百の位で決まりましたね。では、(図7を板書して)ノートに写して不等号を入れましょう。(机間指導後、指名して板書に不等号を入れさせ、理由を言わせる。)

ア　362　354
イ　541　546
　　(図7)

C18：アは百の位が同じなので、十の位で、362の方が大きいと分かります。
C19：イは、百の位も十の位も同じなので、一の位まで見ると546の方が大きいと分かります。
※この後、3桁の数の大きさを比べるとき、百の位の数字から順に比べていけばよいことを確認する。また、ア、イを漢数字で板書し対比させて、十進位取り記数法のよさに気づかせる。

考 T12は、十進位取り記数法に基づいて3位数の大小判断をする(表現の考え)手順を明確にしようとさせるもの。

評 C18・19は、十進位取り記数法に基づいて3位数の大小判断をしている。(表現の考え)

まとめ

① 「位」で大きさがちがうことを考えてカードをおいたのがよかった。【表現の考え】
② 百の位がいちばん大きいから、百の位からじゅんにくらべるのがよい。【表現の考え】
③ ＜、＞は、大きいか小さいかを表すのにべんり。【記号化の考え・簡潔明確に表現しようとする態度】

6　発展的考察

今後の4位数やそれ以上の数の大小比較は、この3位数の大小比較から類推的に考えさせるよい機会である。3位数で経験したことを基にして、桁数が増えても大きい位から比べると良いことに気付かせていきたい。また、小数の場合も、上の位から順に見ていけばよいことも類推できるようにしていくことが大切であると考える。

第2章 第2学年の基礎学力および高次の学力を育てる指導事例　AJ 数と計算

第4節　2位数のたし算

1　本事例の強調点

　第1学年では、**十進位取り記数法の原理の基礎的な理解**を基に、40＋30のような（何十）＋（何十）は、10のまとまりの個数（4と3）をたせばよいことを学習している。また、30＋8のような（何十）＋（何）は、一の位の0と8をたして（何十何）とすればよいことや、46＋2のような（何十何）＋（何）で繰り上がらない場合について、一の位の数どうしをたせばよいことも学習している。

　本事例では、24＋15のような繰り上がりのない（何十何）＋（何十何）が未習なことから、その計算方法を考えるという目的意識をもつ（**自己の問題や目的・内容を明確にする**）ところから導入する。

　そして、それぞれの数を十進位取り記数法に基づいて位ごとに考え（**表現の考え**）、既習の（何十）＋（何十）と（何）＋（何）に分けて計算し、それを合わせればよいことを見いだすようにする。その中で、「同じ単位同士の大きさ（係数）を加える（単位は加えない）」という計算原理にも気付いていけるようにする。

2　本時の目標

　繰り上がりのない（何十何）＋（何十何）のしかたを、十進位取り記数法の原理に基づいて考え、位ごとに分けて計算することを見いだす。

3　準備

・ノート　・算数ブロック　・掲示用の紙

4　指導計画（9時間）

第1時	繰り上がりのない（何十何）＋（何十何）のしかたを考える。（本時）
第2時	繰り上がりのない（何十何）＋（何十何）の筆算形式を知る。
第3時	繰り上がりのない（何）＋（何十何）の筆算のしかたを考える。
第4時	繰り上がりのある（何十何）＋（何十何）の筆算のしかたを考える。
第5・6時	繰り上がりのある（何十何）＋（何十何）で答えが何十になる場合や、加数または被加数が1位数で繰り上がる場合の筆算のしかたを考える。
第7時	加法の交換法則を理解する。
第8時	加法の結合法則を用いた計算、（　）を用いた式について理解する。
第9時	まとめと練習

5 展開

考 数学的な考え方　**評** 評価　**手** 手立て

（1）課題と既習の違いを明確にする

T1：24円のあめと15円のクッキーを1つずつ買います。いくらになるでしょう。
C1：2つのものを合わせるから、たし算だ。
C2：式は 24 + 15 になると思う。
T2：今までのたし算と比べて、どこがちがいますか。
C3：2けた＋2けたのたし算になってる。
C4：2けた＋2けたは、1年生の時にもやったよ。
C5：30 + 20 とは違って、これは一の位が0ではないよ。
T3：それでは、24 + 15 のような一の位が0でない2けたどうしのたし算は、どのように計算したらいいでしょう。

（2）各自で 24 + 15 のしかたを考える

C6：どうやって考えればよいのかな。
C7：ブロックを使って考えてみよう。
C8：図をかいて考えてみよう（図1）。

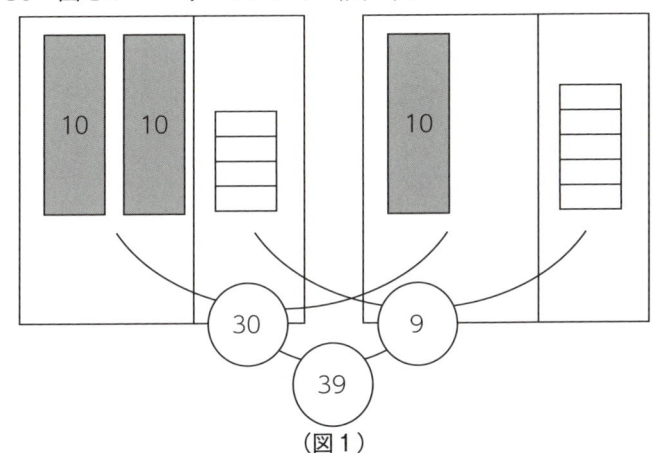

（図1）

C9：1年生の時にさくらんぼ計算でやったから（図2）。

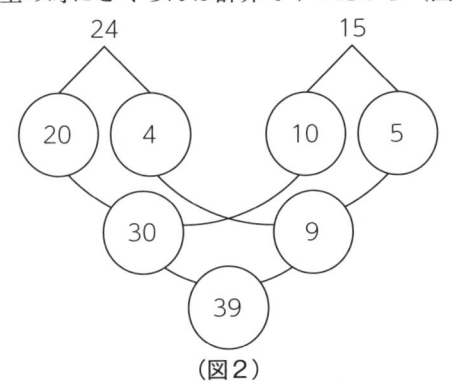

（図2）

手 T1で24と15を合わせる操作になることを確認する。

考 T2・3は、既習との相違から自己の問題や目的・内容を明確にするためのものである。

手 C6には、24 + 3 などの計算のしかたを考えるときにはどうしたかを振り返ることで図やブロックを使うことに気付かせる。

評 C8・9は、十進位取り記数法の原理の基礎的な理解を基に、10のまとまりと1に分けて考えている。

手 C8・9・10を板書発表できるよう、掲示用の紙に、書かせるようにする。

C10：さくらんぼ計算でやってみよう（図3）。

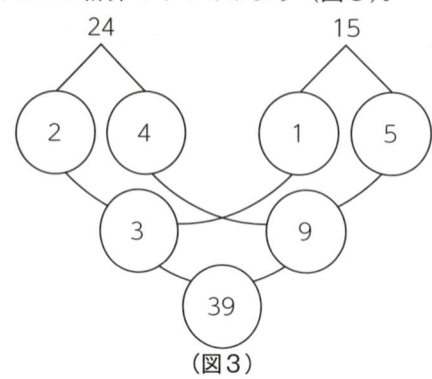

```
    24           15
   /  \         /  \
  2    4       1    5
        \     /
         3   9
          \ /
          39
```
（図3）

C11：24 ＋ 10 ＝ 34
　　　34 ＋ 5 ＝ 39

（3）自力解決をもとに、計算のしかたについて話し合う

T4：図1はどのような考え方をしたか分かりますか。
C12：図1は30＋20の時のように、10のまとまりで計算して30にしたんだと思う。
C13：今のに付け足しみたいになるんだけど、24＋3の時に20を置いておいて、4＋3のばらの数の計算をしたのと同じように4＋5を9としたんだと思う。
C14：つまり、図1は10のまとまりとそのばらに分けて図でかいて、10のまとまりどうしを計算して30。ばらの数どうしを計算して9。最後に30と9を合わせて39にしたんだ。
C15：10のまとまりは十の位と言えるから、十の位と一の位に分けて計算してると考えられるよ。
T5：図2は、図1のやり方と似ているところはありますか。
C16：24を20と4、15を10と5に分けているのは同じだ。
C17：今のに付け足しで、20と10を合わせて30。4と5を合わせて9になっているのも同じだよ。
C18：さっきみたいに10のまとまりとばらに分けているのは同じだ。
C19：じゃあ、十の位と一の位に分けて計算していると考えてもいいと思う。
T6：図3は図1と図2とどこがちがって、どこが似ていますか？
C20：図3は図2とすごく似ているよ。
C21：図3は20を2と表していて、10を1として表しているよ。
C22：10のまとまりとして考えれば、20は2になって、10は1になるね。

評 C10は、十進位取り記数法の原理に基づき、位ごとに分けて考えているとみられる。（表現の考え）

考 T5・T6は、共通点に目を向けさせ、十進位取り記数法の原理に基づき、位ごとに分けて考えていることに気づかせようとするため。

評 C19は、十進位取り記数法に着目している。（表現の考え）

評 C21・C22は、単位の考えをしていることに気付いている。

C23：それなら、十の位と一の位に分けて計算しているところは同じだね。
C24：図3みたいにまとまりで考えれば、位の数だけたせばよいから簡単だ。
T7：みなさんが言う通り（何十何）＋（何十何）の計算は位ごとに分けて、それぞれの位の数だけたせば計算できそうかな？本当にそうなのか別の数で確かめてみましょう。（36＋12の計算で確かめる（図4）。）
C25：他の数でも同じ考え方が使えたね。
T8：それでは、今日は（何十何）＋（何十何）のしかたを考

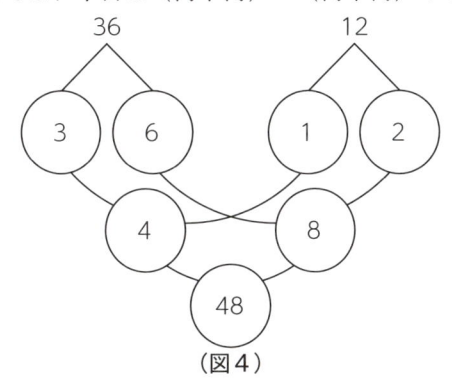

```
        36              12
      ╱    ╲          ╱    ╲
    ( 3 )( 6 )     ( 1 )( 2 )
           ╲    ╱      ╱
           ( 4 )( 8 )
               ╲  ╱
              ( 48 )
```
（図4）

えました。今日の学習で分かったこと、これからも使えそうだなと思う考え方をまとめましょう。

まとめ

1. 2けた＋2けたは、1年生の時にも計算したように、位ごとに分けて計算すればよい。【類推的な考え方】
2. まとまりで考えれば、位の数だけたせばよい。【よりよいものを求めようとする】

評 C23は、十進位取り記数法に着目している。（表現の考え）
評 C23は、よりよいものを求めようとしているとみられる。
考 T7は、他の数でも使えるか考えさせることで**一般化の考え方**を促す発問である。

6 発展的考察

ここで学習した位ごとに分けて、「同じ単位同士の大きさ（係数）を加える（単位は加えない）」という計算原理（ひき算は「係数を引く」）は、2位数のひき算、3位数以上の大きな数の加法・減法、小数や分数の加法・減法でも同様である。

本時の学習をもとにした類推的な考え方により、計算の仕方を考えていけるようにしたい。

第2章 第2学年の基礎学力および高次の学力を育てる指導事例　A 数と計算

第5節 かけ算の意味と式

1 本事例の強調点

　かけ算について、「かけ算九九を覚えさせればよい」という考えに出会うことがあるほど、かけ算九九の習熟に力点を置く傾向がある。しかし、たし算やひき算で意味の指導を行ったことと同様に、かけ算についても意味の指導は十分に行われなければならない。いろいろな問題場面について、かけ算を用いてよいかどうか判断する際には、かけ算の意味が根拠になるからである。かけ算が導入される第2学年では、児童がかけ算とは、「ある大きさをいくつか加えた（＝同数累加）全体の大きさを求めるときに用いる演算である」ことと「同数累加の式を簡潔・明確に書き直した式として（一つ分）×（いくつ分）がある」ということを理解する必要がある。

　そこで本事例では、かけ算の導入前に、いくつもの同数累加の問題場面を解決させ、すべて既習のたし算の場合と同様に、同数累加によって解決できることを確認する。その上で、同数累加では何個加えたのかが分かりにくいことに気づかせ、それが明確な新たな式の必要をつかませるようにする。この新たな式の必要をもたせてから、かけ算の式を知らせ、そのよさを感じ取れるようにする。その過程では、同数累加の問題場面の解決の際に、第1学年のたし算を用いる場合から**類推**して、その正しさを確かめる（**筋道の立った行動をする**）ことが経験できる。また、同数累加の式の、書き表すのが面倒なことや、加えた個数が分かりにくいなどの問題点に気づき、解消したいと考えることが、**思考労力を節約しようとする態度やよりよいものを求めようとする態度**の育成につながると考える。

2 本時の目標

・いくつかの同数累加の問題場面について、既習のたし算の意味から式を考え、同数累加の式でよいことを確認する。
・同数累加の式の問題点を見付け、新たな式（かけ算の式）の必要をもち、かけ算の式と意味を知る。

3 準備

・教科書　・ノート（第1学年たし算にかかわる記述があるもの）　・おはじき（児童の実態に応じて）

4 指導計画（4時間）

第1時　同数累加の問題場面の既習のたし算による解決、その見直しから新たな式の必要をもち、かけ算の式と意味を知る。（本時）
第2時　かけ算での表し方に慣れ、その答えが同数累加で求められることを見いだす。
第3時　「倍」の表し方を考える。
第4時　身の回りからかけ算で表せる場面を探し、これを解決する。

5　展開

参 数学的な考え方　評 評価　手 手立て

（1）課題を捉え、既習のたし算の意味を基に式を予想し、確かめる

T1：「1人に折り紙を4枚ずつ、2人にあげると何枚いりますか。」これは、今まで学習したことを使うと、どんな式で表せるかな。（問題を板書する）

C1：こんな問題初めてだよね。答えは8枚だって何となく分かるんだけれど…。式はどうなるのかな。

C2：たし算じゃない？だって、答えは8枚でよさそうだもの。

C3：でも、「合わせて」や「増えると」がないよ。本当にたし算でいいのかな。

T2：答えの予想はつくけれど、たし算の式で表してよいかは迷っていますね。「たし算だ」と分かるためには、文の言葉以外ではどんな方法がありましたか。

C4：問題文を図やおはじきを使って表して、「←」や「→←」のように2つのものをくっつけるならたし算だと分かったよ。

C5：図やおはじきを使って表してみよう。

T3：図やおはじきでどのように表せましたか。

C6：問題文には1人に4枚ずつ、2人にあげるから、
　　　←○○○○
　　　←●●●●　だ。
　　求めるのは○と●を合わせた数だから
　　○○○○→←●●●●　だよ。

C7：←○○○○　と配って、
　　その後に、　　←●●●●　と配るから、
　　求めるのは、○○○○←●●●●　だよ。

C8：○と●の動かし方は違うけれど、どちらもたし算の動きだよ。だから、これは4+4=8でいいね。

T4：たし算でよいことがきちんとわかりましたね。

C9：「4枚ずつ」のお話はたし算ということだね。「何人」のところが多くなっても「4」をたしていけばいいよ。

C10：付け足しで、「4枚ずつ」が「5枚ずつ」だったら「5」をたしていけばいいと思います。

T5：なるほど。

（2）たし算の意味に基づいて、いくつもの問題場面について式を考える

T6：では、「何枚ずつ」や「何人」のところの数を変えた問題はどのような式になるのか、図やおはじきで表して考えましょう。答えは書かなくてよいですよ。

※ここで、「4枚ずつを5人にあげる問題」、「6枚ずつを5

手 T1は、既にかけ算を知っている児童の発言で授業が進行してしまうことを避け、既習のたし算の意味から類推的に考えるようにするためである。

手 T2は、筋道だった行動をしようとすることを促すためである。

手 C6やC7のように表せない児童には、おはじきで配られる折り紙を表すようにさせる。

評 C9・C10は、**一般化の考え方**とみられる。

考 T6は、同数累加の問題場面を、たし算の意味に基づいて考える（**演繹的な考え方**）を促すためである。

人にあげる問題」、「6枚ずつを9人にあげる問題」について式だけを考え、ノートに書くようにさせた後、発表させる。（問題は板書し、ノートに写させる）

C11：①「4枚ずつ」を「5人」にあげる問題は、4＋4＋4＋4＋4です。

C12：②「6枚ずつ」を「5人」にあげる問題は、6＋6＋6＋6＋6です。

C13：③「6枚ずつ」を「9人」にあげる問題は、6＋6＋6＋6＋6＋6＋6＋6＋6です。

C14：どれもやっぱりたし算でした。

C：（同じです。）

T7：どれもたし算だということが同じですね。これらの式を比べて違うのはどこですか。

C15：①と②③ではたす数が違うよ。だって、「ずつ」のところのの数が違うから。

C16：①②と③では数をたす回数が違うよ。だって「人」のところの数が違うから。

T8：どれもたし算で、「ずつ」や「人」の数は違うのですね。

C17：だから、「ずつ」や「人」のところがどんな数になってもたし算で表せると思います。

C18：そうだね。でも、今までよりたし算の式を書くのが大変にになります。

（3）これまで学習した式と比べて、同数累加の式の問題点を明確にする

T9：今までの式と比べて、大変さを感じている人がいるようですね。どんなことを感じたか、発表しましょう。

C19：「人」のところを大きい数にすればするほど、式が長くなります。

C20：付け足しです。1年生の時の式は、「＋」の記号が1回か2回しか出てこなかったので、書くのに時間がかかりませんでした。でも、この「ずつ」の問題は「＋」のしるしが何回も出てくる時があるので、書くのに時間がかかります。

C21：「人」の数が大きくなると、何回たしたか途中で分からなくなって、数え直してから式を書かないと間違えてしまいそうです。

C22：1年生の時の式は、6＋8なら、「6こ」と「8こ」を合わせるんだな、とすぐに分かりました。
　　でも、「ずつ」、「人」の長い式は、何人にあげるのかがぱっと分かりません。

C：（同じです。）

T10：今の話をまとめると、「ずつ」、「人」の問題のときには、

[評]C17は、式を一般的によんでいるとみられる。

[評]C18は、思考・労力を節約しようとしている。

[考]T9は、思考・労力を節約しようとすること、同数累加の式の問題点を明確にしようとすることを促すためである。

[考]T10は、よりよいものを求

式を見てどの数が分かるとよいということですか。
C23：「ずつ」と「人」それぞれの数が式でぱっと分かるといいです。
C24：そうすると、式から問題がすぐに分かります。
T11：今日のような、同じ数がいくつも「＋」のしるしで結ばれたたし算の式は、何個たしたのか、式を見ても問題場面がすぐに分からないから、何個たしたのかがパッと分かるようにできるといいなということですね。
C：そうです。

（4）まとめをする

T12：では、それが分かる新しい約束をしましょう。
　「4枚ずつ、5人にあげる」は　4＋4＋4＋4＋4
でしたね。
　これを「4×5」と書く約束にしましょう。同じ数をいくつかたしたときを表すのに、「×」を使います。
　そして、これを「かけ算」と言います。
　「4×5」はかけ算の式です。
※この後、②③も6×5、6×9とかけることを考えさせてから、「どのように考えたことがよかったか」についても振り返り、次のようにまとめる。

まとめ

1. 同じ数がたくさん続くたし算の式は、4＋4＋4＋4＋4→4×5のようにかけ算の式で表せる。
2. 2つや3つの数のたし算が、もっと数が多くなったときも使えると考えた。【類推的な考え方】
3. だけど、同じ数がたくさん続くたし算の式は分かりにくいから、もっと分かる式があったらよいと考えた。【よりよいものを求めようとする態度】

めようすることを促す。
評 C23・C24は、よりよいものを求めようとしているとみられる。

6　発展的考察

　本事例では、かけ算の式を、初めから教えるのではなく、まずは新たな問題を既習の知識・技能を使って解決し、それを見直して不便さや曖昧さなどの問題点を明らかにし、それらを解消する必要をもたせてから、かけ算の式を教えるようにしている。
　これと同じような指導が適している内容として、例えば、3年生の「わり算」が挙げられる。わり算を知らなくても、同じ数に分ける問題は、既習のひき算やかけ算などで解決できる。その上で、本事例のように進めていくこと可能であると考える。

第6節 かけ算九九を作る

第2部 第2学年の指導事例
第2章 第2学年の基礎学力および高次の学力を育てる指導事例　A 数と計算

1 本事例の強調点

　かけ算九九を作っていく際、2の段と5の段は、第1学年で2とび、5とびの数え方を学習しており、答えを容易に求めることができる。そこで、3の段で初めて3ずつ増えることを実感し、その前の単元で学習した同数累加の意味を基に子どもたちが自ら作っていこうとする（**演繹的な考え方**）。例えば、3の段は、

　　$3 \times 2 = 3 + 3 = 6$
　　$3 \times 3 = 3 + 3 + 3 = 9$
　　$3 \times 4 = 3 + 3 + 3 + 3 = 12$

と作っていく。式を順に作っていくうちに、3を繰り返したすことに面倒さを感じ、より簡単に答えを出したいと考える。そして、3×5 は「3を4回たすことは、3×4 と同じ、だから $12 + 3$ とすればよい。」ということを見いだし、その先も

　　$3 \times 6 = 15 + 3 = 18$
　　$3 \times 7 = 18 + 3 = 21$

のように求めていく。さらに、これが他の段でも同様に言えるのではないかと類推し、確かめ、作っていく。このようにして、「かける数が1増えると、答えは元の数だけ増える」という性質を帰納的に見つけ、これを用いてより手際よく九九を構成していくように指導する。

2 本時の目標

　乗法の意味（同数累加）に基づいて3の段の九九を作る過程で、もっと簡単に求められないかと $3 \times 5 = 12 + 3 = 15$、$3 \times 6 = 15 + 3 = 18$……のように帰納的に考え求めていくことができる。

3 準備

・3の段の式のみ書いたもの（黒板掲示用）　・アレイ図（黒板掲示用）　・ノート

4 指導計画（10時間）

第1・2時　2の段の九九を作り、2の段の九九を唱える。
第3・4時　5の段の九九を作り、5の段の九九を唱える。
第5・6時　3の段の九九を作り、3の段の九九を唱える。（本時）
第7・8時　4の段の九九を作り、4の段の九九を唱える。
第9・10時　まとめと練習

5 展開

考 数学的な考え方　評 評価　手 手立て

(1) かけ算の式を作り、同数累加によって答えを求める

T1：おだんごを1本のくしに3個ずつさします。くし2本ではおだんごは何個になるでしょう。

C1：6こ

C2：3+3=6。

T2：前に学習した「かけ算」の式で表すことはできますか。

C3：3+3で3を2回たしたから3×2。

T3：そうですね。
　　3×2=3+3で6　　6こになります。

手 C1は、どうやって6と考えたのか考えさせる。
考 既習のかけ算の意味から式を作る。（式の考え）
手 アレイ図を黒板に貼る。

(2) 課題を把握し、きまりを見つけ、そこから3の段を作る

T4：今日は、3×いくつの3の段の九九を作ります。
　　ノートに、3×1から順番に式を書いてそれぞれで作っていきましょう。（3×1からの式を黒板に貼る。）

C4：3×1=3
　　3×2=3+3=6
　　3×3=3+3+3=9……
　　のように3をかける数だけたしている。

C5：3×1=3
　　3×2=3+3=6
　　3×3=③+③+3=9
　　　　　　⑥
　　3×4=③+③+③+③=12……
　　　　　　⑥　　⑥
　　のように6のまとまりを作って考えている。

C6：3×1=3
　　3×2=3+3=6　　+3
　　3×3=3+3+3=9　　+3
　　3×4=3+3+3+3=12……
　　のようにひとつ前の答えに3をたしていく。

C7：C4のようにやり、だんだんスピードが落ちていく。

C8：何もできない。手が止まっている。

評 C4は、演繹的な考え方と見られる。
手 たし算の式を見直させ、気づくことがないか尋ねる。
評 C5は、数をまとめて見ようとしている。また、C6の考えへ至る手がかりとなる。

評 C6は、きまりに気づき、それを使っている。（帰納的な考え方）

評 C7は、3を何度もたす面倒さを感じているとみられる。
手 C8には、かけ算の意味に戻って考えさせる。

(3) 3の段の作り方の発表と吟味

T5：C7さんは、九九を作っているときどんなふうに思っていたのですか。

C7：3をずっとたしたのですが、3を5回も6回もたすのは大変だと思いました。

T6：かけ算の意味を使って考えたのですね。でも、確かに3を何度もたすのは大変ですね。途中で止まらずに簡単に作った人もいますね。3×5はいくつになりますか。
C5：簡単にどんどんできました。3×5＝15です。
T7：C5さん、どうやって15だと分かったのですか。
C5：3×5＝③+③+③+③+3＝15
　　　　　　 ↓　　↓
　　　　　　 6　と　6　と3
　　　　　　　 12　　と3で15
　　6を作ると6が2こで12とあと3になります。
C9：あれ？ 12は、3×4の答えになっています。
C10：3×5＝3+3+3+3+3
　　　　　　→3を4回たしているから3×4
　　だから3×5＝12+3＝15
C11：1つ前の答えに3をたしてできてる。
C12：ずっと書いていくと+3が1つずつ増えていました。
　　　3×2＝3+3
　　　3×3＝3+3+3＝9
　　　3×4＝3+3+3+3＝12
　　　　　→3×3と同じだから9
　　だから、ひとつ前の答えに3をたしていくと次の答えが出ます。
C13：3の段だから、3ずつ増えています。
T8：何が変わると答えが3増えるのでしょう。
C14：かける数が1増えると答えが3増えています。
T9：そうですね。よく気づきました。「かける数が1増えると答えが3ずつ増える」ということに気づいて1つ前の答えに3をたすと次の答えが求められましたね。
　　C12さんのやり方の方が3を何回もたすより簡単ですね。
T10：では、C12さんの方法で3の段を最後まで作りましょう。
C15：3×6＝15+3＝18……
　　※3の段をすべて作る。
T11：3の段が作れました。3の段の九九の読み方があります。みんなで言って練習しましょう。
　　※3の段の読み方を教える。

(4) まとめ
T12：今日は、どんなことを学習できましたか。
C16：3の段の九九がわかりました。
C17：かける数が1増えると、答えが3ずつ増えることがわかりました。

考 T7は、C5やC7から演繹的な考え方を引き出そうとしている。

評 C12は、帰納的な考え方と見られる。

評 C13は、帰納的に考えてきまりを見つけている。
考 T8は、C13の見つけたきまりから帰納的に考えさせようとしている。

C18：C17さんのきまりをつかって3の段を作ると3を何回もたすより簡単にできました。
C19：3×2＝6で2の段で作った2×3も6になっています。
C20：3×5＝15で、5の段で作った5×3も15でした。
T13：ほかにも同じような式は見つかりますか。
C21：2×5＝10で5×2＝10でした。
T14：おもしろいきまりにも気づきましたね。これから学習していく他の段にもあるかどうか注意しましょう。
T15：4の段を作るときはどうやって作りたいですか。
C22：4の段は、ひとつ前の答えに4をたせばできると思います。
C23：2の段は2ずつ、5の段は5ずつ、3の段では3ずつ増えたから4の段は4ずつ増えるのだと思います。
T16：よいことが分かりました。覚えておいて、今度4の段を作りましょう。

評 C22・C23は、発展的な考え方をしている。
評 C23は、2、5、3の段から共通点を見つけている。

まとめ

1. 3のだんを作るには、3を2回、3回とたしていけばよい。【演繹的な考え方】
2. 「かける数が1ふえると、こたえは3ずつふえる」というきまりを見つけ、それを使って3のだんを作ることができた。【帰納的な考え方】

6 発展的考察

　作り方の決まりに気づいた子供たちは、3×9に続けて3×10、3×11…と楽しみながら積極的に作っていこうとすると考える。

　3の段を見直す中で、3×2＋3×4＝3×6と縦に見ていくことに触れておくと、4の段以降でもそうしたことに注意しながら見ていくことができるようになる。また、4の段まで作ったところで、2×4＋3×4＝5×4というように2の段と3の段で5の段ができることにも気付いておくと、分配法則の理解につながる。さらに、4の段では、2×4＝4×2、3×4＝4×3といった交換法則の確認も行うことができる。こうした様々な考えを経験していくことが、6の段以降で積極的に九九を作っていこうとする態度を養うことにつながる。

　6の段以降では、①6ずつたしていく。②交換法則を使う。（6×3＝3×6）③分配法則を使う。（6の段＝2の段＋4の段　3の段＋3の段　2の段＋2の段＋2の段など）などの方法からわかりやすく簡単に導ける方法を考え作っていくようになると考える。

　また、3の段の答えの規則性に注目してみること（3の段の場合、答えの一の位に1～9の数字が全部出てくる。答えの十の位は、なし、なし、なし、1、1、1、2、2、2と3ずつ変わっていること。など）も、数感覚を育てることにつながる。

第7節 長さの単位

1 本事例の強調点

　第1学年では、長さを比べるのに、比べるものどうしの一方の端をそろえて比べる「直接比較」、それができない場合、一方の長さをテープなどに写し取り、これと他方の長さを比べる「間接比較」を学習している。また、長さを、消しゴムや鉛筆などの適当なものを単位としてそのいくつ分で表す（**単位の考え、数量化の考え方**）「任意単位による測定」についても学習している。

　これを受けた第2学年の長さのはじめの学習では、児童が、まず既習の任意単位による測定を思い起こして（**単位の考え、数量化の考え方**）、これによって問題解決に取り組むようにしたい。そして、任意単位では測定結果の数値がまちまちになり、数値だけでは長さが比較できないことに気付かせ、共通の単位の必要をもつ（**よりよいものを求めようとする態度**）ようにする。その上で、狭い範囲での共通単位のように「○○のいくつ分」と言わなくても、どこでも誰にも数値だけで分かる（**数量化の考え方**）共通の単位の必要をもたせて、普遍単位cmを教えることが大切であると考える。

　そこで、まず、児童に具体的なものの長さを任意単位で測って調べさせ、その結果の数値で長さを比べることができると考える問題に遭遇させ、任意単位によって測定させる。しかし、まちまちの単位では、その幾つ分の数値もまちまちになり、うまく比べられないことに気付かせ、自分たちの共通の単位の必要を知らせ、共通の単位で長さを表せば、数値だけで比べられることが分かるようにする。

2 本時の目標

・任意単位による長さの比較の問題点から、共通の単位の必要性に気付き、共通単位を用いて長さを比較する。
・普遍単位の必要に気付く。

3 準備

WEB…WEBサイトからダウンロード可

・ゲーム盤（P119図1）**WEB**（4つ切り画用紙大を4人の班に1枚）・おはじき（1人2個）
・算数ブロック（クラス全体の記録を比べるための共通単位）

4 指導計画（7時間）

第1時	共通単位の必要とそれによる長さの比較、普遍単位の必要性（本時）
第2時	長さの単位cm、簡易ものさしによる測定
第3時	長さの単位mm、ものさしの目盛りのよみ方
第4時	身の回りの物の長さの測定
第5時	長さの加減計算
第6・7時	まとめと練習

5 展開

(1) 課題を捉え、長さを比較する方法を話し合う

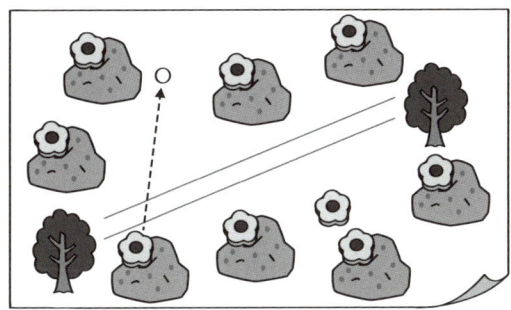

(図1)

T1：今日はカエルのジャンプ競争をしましょう。だれのカエルがいちばん遠くまで跳べるかな。(やり方を説明し、行わせる)

T2：まずは生活班で記録を比べてみましょう。

C1：2回のうち長く跳んだ方の長さで比べるんですか？

T3：そうです。みんなで記録を比べる前に、自分のいちばんいい記録を見つけないとね。自分の記録で、一番遠くまで跳んでいるのは何回目ですか。

C2：(身近な鉛筆や消しゴムを当てて調べようとする)
1回目が長そう。

T4：どうすれば比べられますか。

C3：1回目の長さを写し取って、2回目の長さに重ねてみる。

C4：消しゴムで、いくつ分になるか測ってみる。

T5：なるほど。1年生の時にもそうやって長さ比べをしましたね。じゃあ、それぞれのいちばんいい記録をまず見付けてから、班のチャンピオンを選んでみよう。
(まず個人の記録をそれぞれ比較してから、班のチャンピオンを決める方法を相談するよう指示する。任意単位として用いる物は、各自持ち物から選ばせる。)

(2) 既習の方法を用いて、班で長さ比べをする

※長さ比べの方法について、班で話し合わせる。

C5：全員の長さを重ねて見るのはできないね。

C6：何かのいくつ分かを比べればいいんだよ。消しゴムのいくつ分か調べてみようよ。

C7：でも同じ5個分でも、消しゴムの大きさが違うよ。

C8：じゃあ、ぼくの消しゴムでいくつ分になるか調べてみよう。

C9：同じ消しゴムなら、班の友達全員の結果を比べられるよ。

T6：どの班も、何かのいくつ分で比べようとしていますね。
(班ごとに同じ任意単位で長さを比べる。)

<やり方>
岩の上におはじきを置き、カエルに見立ててはじくゲームを4人グループで行う。(スタート位置からおはじきが止まった位置までを直線で結んで長さを表す。)
おはじきをはじく方向に筆箱等を置き、外に出ないようにする。跳ぶ場所を替え、各自2回ずつ行う。

評 C1は、問題を明確に把握しようとしていると見られる。

手 T4は、既習の測定の方法を想起させるための発問である。

評 C6は思考・労力を節約しようとする態度、C7・8・9はよりよいものを求めようとする態度であるとみられる。

手 既習の「〜の幾つ分で比べることの意味を全体で確認する。

(3) 班の1位どうしを比べ、クラスの1位を決める中で、共通単位の必要性に気付く

T7：ではいよいよジャンプのクラスチャンピオンを決めましょう。班の1位の長さが「何のいくつ分か」を発表してください。

※1班から班の1位の長さを発表させ、板書していく。（下図）

ジャンプ大会チャンピオン			
1班	けしゴム4つ分	4班	算数ブロック5つ分
2班	キャップ3つ分	5班	けしゴム2つと少し
3班	算数ブロック7つ分	6班	ふでばこのよこ半分

T8：さあ、どの班がクラスチャンピオンかな？
C10：「消しゴム4つ分」と「キャップ3個分」はどちらが長いのかな。
C11：これではみんなで比べられないよ。
T9：数で表しても比べられないのはなぜですか。
C12：さっき、班の中では同じものを使っていたけど、今度は測る道具が班ごとに違っているからうまく比べられない。
T10：違いをはっきりさせるにはどうすればよいでしょう。うまくいく方法を考えてみましょう。

(4) 共通の単位を決めて長さを比較する方法を考え、説明する

C13：3班と4班は、「いくつ分」の数で比べられるよ。
T11：なぜ比べられるのですか。
C14：算数ブロックは、みんな同じ大きさだから「いくつ分」の数が大きい方が長く跳んだことになります。
T12：同じもののいくつ分で、全員のカエルの跳んだ長さを表してみるということですね。
C15：みんなが持っている同じものなら、いくつ分の考えが使えるはずだよ。
C16：算数ブロックならみんな同じ大きさだし、たくさんあるから並べやすいです。
C17：小さなもののほうが、余りが出にくいからいいと思います。
T13：では、算数ブロックを使って、もう一度、班のチャンピオンの記録を測り直してみましょう。
C：班で実際に作業をし、ブロックのいくつ分を確認する。
T14：測り直した記録を班ごとに発表してください。
（1班から班の1位の長さを発表させ、板書していく。）

考 T7は、長さを比べる際の数値の必要性を意識させるためである。（数量化の考え）

考 T10は、自己の問題や目的・内容を明確にするための発問である。

考 C15は、共通単位の必要に気付き、そのいくつ分で長さを表す方法を考えている。（単位の考え）

評 C17は、はしたの大きさを小さくすることの必要性を考えている。

```
ジャンプ大会チャンピオン
 1班  算数ブロック６つ分      4班  算数ブロック５つ分
 2班  算数ブロック７つ分と    5班  算数ブロック３つ分と
      少し                          半分
 3班  算数ブロック７つ分      6班  算数ブロック４つ分
```

T15：この方法なら、数に表して比べることができますね。クラスのチャンピオンはどの班の人ですか。
C：２班の人がチャンピオンでした。

（5）本時のまとめをする
T16：みんなのカエルが跳んだ長さを比べるには、どうすればうまくいきましたか。
C18：算数ブロックを使って、「いくつ分」かを調べました。
C19：同じものを使ってそのいくつ分かで比べたら、他の班の人とも長さを比べられました。

（6）数値だけでどこでも誰にもわかる共通単位の必要に気付く
T17：（隣のクラスの記録と比較する場面を提示して）隣のクラスの最高記録は、ネームプレート５つ分だったそうです。
C20：どちらが長く跳んだのか。分からないよ。
T18：「いくつ分」で表しても比べられないのはなぜですか？
C21：となりのクラスのネームプレートの大きさが分からないからどちらが長いかも比べられないよ。
T19：元になる大きさが、すぐに分からないのは不便ですね。それでは困るので、長さにはいつも決まった「一つ分」の大きさがあるのです。
C22：わかった！㎝だ！
T20：では次の時間はそのような長さの単位についてくわしく勉強してみましょう。※以下のようにまとめる。

まとめ

1 長さをくらべるには、「同じ長さのものでいくつ分」かをしらべるとよいと考えた。【単位の考え、数量化の考え方】
2 おなじ長さのものは、どこでもだれにもわかるものがよいことがわかった。

考 T16は、長さは単位となる大きさのいくつ分で表されることを意識させるための発問である。

手 T17は、共通単位の限界に気付かせ、普遍単位の必要に目を向けさせるための場面提示である。

第2部　第2学年の指導事例

第2章　第2学年の基礎学力および高次の学力を育てる指導事例　B 量と測定

第8節　かさの単位

1　本事例の強調点

　かさについては、第1学年で、長さや広さと同様に、どちらが多いかといったかさ比べの活動を行ってきている。その際、一方の容器に入った水を他方の容器に移して比べたり、第3の容器に移して比べたり、任意単位となるコップのいくつ分かを調べてどの個数を比べたりするなどの活動を経験してきている。また、本学年においては、かさの学習の前に、長さの学習で普遍単位（cm、mm）を学習し、単位や測定の意味、さらには、単位のよさについても理解してきている。

　本事例では、「本当にこちらのかさの方が多いといえるのだろうか」といった疑問をもつ（**自己の問題や目的・内容を明確にする**）ところから展開する。また、任意単位ではかさの違いの程度まで適切に表すことができないことをふまえて、既習の長さの学習を基に、普遍単位の必要性に気付かせ（**類推的な考え方**）、かさの単位（L）を取り上げる。さらには、長さの学習と関連させながら、基準の大きさ（普遍単位）のいくつ分として測定できる（**単位の考え**）ことにも気付かせる。

2　本時の目標

　長さの学習から類推して、普遍単位の必要性に気付き、1Lますを使っていろいろな入れ物に入る水のかさを測定することができる。

3　準備

・ペットボトル（1.5Lと2L）　・バケツ　・1Lます　・牛乳パック　・やかん　・ポット　・なべ
・教科書　・ノート

4　指導計画（7時間）

第1時　普遍単位Lの必要性に気付き、1Lますを使ってかさを測定する。（本時）
第2時　単位 dL を知り、L と dL の関係を理解する。
第3時　単位 mL を知り、mL と dL、mL と L の関係を理解する。
第4時　かさの加減の計算の仕方を考え、計算する。
第5時　1Lのかさを入れる活動を通して、1Lの量感を豊かにする。
第6時　量の大きさの見当づけを行い、測定する。
第7時　まとめる。

5 展開

(1) 任意単位によるかさ比べに疑問をもつ

T1：これからかさの学習をします。
C1：1年生のときにしました。
C2：水筒の水をコップに入れてどっちが多いかを比べました。
T2：そうですね。今日は、たくさん水が入るバケツが欲しかったので、1組と2組にあるバケツに入る水のかさを聞いてみました。すると、1組のバケツはペットボトル5本分、2組のバケツはペットボトル4本分だったそうです。かさは、どちらが多いですか。
C3：1組のバケツです。
C4：5と4だと5の方が1本多いからです。
C5：でも・・・、ペットボトルの大きさが違うかもしれません。
C6：ペットボトルにはいろいろな大きさがあるから、ペットボトルというだけでは、どんな大きさのペットボトルかは、分かりません。
C7：いくら4と5でも、1組のバケツが大きいとは言えません。
C8：2組のペットボトルの方が大きくて、1組のペットボトルの方が小さいかもしれないから、1組のバケツが大きいとは言えません。
T3：これだけでは分からないということですね。実際に借りてきました。（実物のペットボトルを見せる）

C9：2組のペットボトルの方が大きくて、1組のペットボトルの方が小さいです。ペットボトルに入る水のかさが違うから、同じペットボトルで比べないとだめです。

(2) 長さの学習を基に、普遍単位の必要性に気付き、かさの単位があるのではないかと考える

T4：そうですね。このままでは、どちらのかさが多いか分かりませんね。どうしたら比べられますか。
C10：同じペットボトルを使うといいです。
T5：なるほど。同じペットボトルを使って比べれば、どちらのかさが多いか、見るとすぐ分かりますね。でも、多い・少ないを比べるだけでなく、「1組は○○、2組は○○だから、こちらが○○多いです。」って違いまではっきり伝えるためにはどうすればいいですか。
C11：ますに入れたら分かります。
T6：ますって何ですか。

考 T2は、自己の問題や目的・内容を明確にするための場面設定である。

考 T4・T5は、解決への見通しを立て、共通なものではかる必要性に迫るための発問である。

C12：コップみたいなものに線が入っているものです。
C13：きまりがあって、線が入っています。
C14：ますに線が入っていて、ここまで入れたらこれだけって決まっています。
C15：ますに入る水のかさは、決まっています。線の間が決まっています。
T7：きまった大きさのますがあるって言っていますが、みんな分かりますか。知っていますか。
C16：家の人が、料理をするときに、使っています。コップみたいなのに線が入っていて、線のところに数が書いてあります。
T8：かさが数で表されるの？数が書いてある線って、みんなよく知っていますね。
C17：ものさしみたいです。
T9：ものさしは、1のめもりは1cmで、どのものさしも同じ長さでしたね。同じように、ますのめもりの1っていうのも、どれも同じかさなのかな。
C18：同じで、線の位置や数が決まっています。
C19：長さには長さの単位があったけど、かさには、かさの単位があるんだと思います。

(3) かさの単位（L）があることを知り、かさが1Lのいくつ分で測定できることを理解する

T10：長さと同じように、かさにも単位があります。これがかさをはかる道具です。（1Lますを見せる）これに入る水のかさを1Lと言います。Lはこのように書きます。（板書する）
C20：cmやmmみたいに、英語ですね。
T11：そうですね。長さの単位もかさの単位も英語が使われています。ところで、1cmってどれぐらいの大きさでしたか。1cmは同じ長さに決まっていましたね。同じように、1Lも決まっています。（1Lますを班ごとに配る）
C21：1から10までめもりがついています。
T12：1Lますによって、どこまでで1Lちょうどかは、違ってきます。満杯に入れるものと、めもりの10とか1Lと書いている線のところまでのものがあります。1Lますには、いろいろな形のものがあります。形がちがっても、同じ1Lです。みんながよく知っている牛乳パックに入るかさも、ちょうど1Lです。

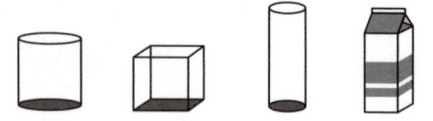

考 T7は、日常と算数を関連付けて考えることができるような問い掛けをしている。

評 C19は類推的な考え方をしている。

手 かさに関して、量の保存を捉えることが困難な児童もいると思われるので、いろいろな1Lますを提示し、形は異なっても同じ1Lであるということをつかませる。

T13：では、この１Ｌますを使って、１組のバケツのかさと２組のバケツのかさを測ってみましょう。（２名ずつ指名して、実際にバケツの水を１Ｌますで測らせる）
C22：５Ｌです。
T14：どうしてそう考えたのですか。
C23：長さのときにも、１cmが５つで５cmだったから、１Ｌが５つで５Ｌって考えました。
C24：１Ｌが何個あるかで、かさが分かります。
T15：では、２組は、１ます６杯分でした。何Ｌですか。
C25：６Ｌです。
T16：これで、１組と２組に、「○○だから〜です」って言えますか。
C26：１組のバケツは５Ｌで、２組のバケツは６Ｌだから、２組の方が多いです。
C27：２組のバケツの方が１Ｌ多いです。

（４）１Ｌますを使っていろいろな入れ物に入るかさを測る
T17：やかんやポットに入る水のかさを調べてみましょう。
C28：やかんは、１ます２つ分だから、２Ｌです。
C29：ポットは、１ます４つ分だから、４Ｌです。

（５）学習を振り返り、まとめる
T18：今日学習して思ったことはどんなことでしたか。
C30：かさには、Ｌという単位があることが分かりました。長さと同じだと思いました。
C31：ほかにどんなかさの単位があるのか、知りたいです。
C32：いろいろなもののかさを調べてみたいです。

評 C23は、**類推的な考え方、単位の考え**をしている。

評 C27は、**数量化の考え**をしている。

手 ２、３人ずつ共同で測らせる

評 C30は、長さと同様にかさの普遍単位ｌを理解している。

まとめ

1. ちがうかさの入れものでは比べてもわからないと思った。【自ら進んで自己の問題や目的・内容を明確に把握しようとする態度】
2. 長さのときと同じように、どこでも使えるかさの単位があるとよいと考えた。【類推的な考え方】
3. かさのどこでも使える単位は１Ｌで、かさは１Ｌのいくつ分ではかることができる。【知識】

6 発展的考察

本事例のように、長さの場合から類推的に考えて普遍単位の必要をもつようにするとよいと考えられる内容として、３年生で指導する「重さ」、４年生で指導する「面積」などが挙げられる。

第9節 三角形と四角形

第2章 第2学年の基礎学力および高次の学力を育てる指導事例　C 図形

1 本事例の強調点

　第1学年では、身の回りにあるものを「形」に着目して分類し、「さんかく」、「しかく」、「ましかく」、「ながしかく」、「まる」などの命名をした。これらの基礎的な経験では、角が多少丸くなっていたり、隙間が少し開いていたりしても「さんかく」と認めてきている。

　第2学年では、このような「さんかく」の曖昧さの中で、「さんかく」の中の特別な形である「三本の直線で囲まれた形」を区別するために、これを「三角形」と命名する。「四角形」についても同様である。

　本事例はここの指導である。

　すなわち、児童の基礎的な経験としてもっている「さんかく」や「しかく」と「三角形」や「四角形」に当たる形との違いを、構成要素の「へり」や「かど」に着目し（**単位の考え**）、また、「直線で囲む」という条件に基づいて明確にする（**集合の考え**）。

2 本時の目標

・「さんかく」や「しかく」と三角形や四角形に当たる形との違いを明確にし、三角形、四角形の意味を約束として決める。

3 準備

WEB …WEBサイトからダウンロード可

・ワークシート（てんとう虫の絵）WEB
・「てんとう虫の絵」の拡大コピー
・OHC
・定規（ものさし）

4 指導計画（9時間）

第1時	三角形、四角形の意味（「さんかく」や「しかく」から三角形や四角形へ）（本時）
第2時	辺、頂点の意味、三角形の辺の長さの関係（最大辺＜他の2辺の和）
第3～6時	直角、正方形・長方形の意味、辺の長さの関係、弁別、かくこと・構成
第7時	直角三角形の意味、弁別、かくこと
第8時	正方形、長方形、直角三角形のそれぞれの敷き詰め
第9時	まとめと練習

5 展開

(1) 課題をとらえる

※初めに、てんとう虫を見たことがあるかを尋ね、「見たことがある！」の反応を待って、問題を提示する。

T1：きょうは、てんとう虫のまとまりを囲んでしまおうと思います。

C：（「えーっ！」の声。）

T2：ただし、紙の上で。真っ直ぐな線、つまり直線で囲むのです。（ワークシートのてんとう虫の絵の拡大コピー（図1）を黒板に貼り、ワークシートを配る。）

※てんとう虫のまとまりにはア～コの記号を付けてある。

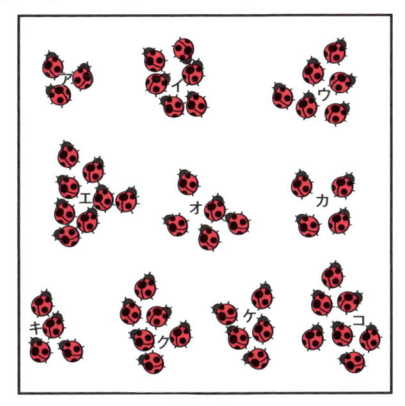

T3：ワークシートの「かこみ方」（右欄）を読みましょう。

C：（「かこみ方」を音読する。）

（図1）

T4：試しに、アのまとまりを一緒に囲みましょう。（OHCで絵を映し、かいてみせる。図2の②は他と重なり、③は枠からはみ出ているので、①のように囲むことを理解させる。また、紙の外側に直線がはみ出てないようにすることも伝え、各自にアを囲ませ、正しく囲めているか確認する。）

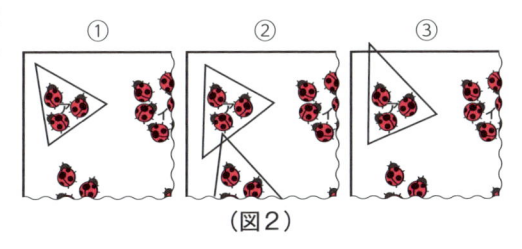

（図2）

(2) 各自、イ～コのてんとう虫のかたまりを直線で囲む

T5：では、イからコのそれぞれのてんとう虫のかたまりを、定規で直線を引いて囲みましょう。

C1：（「かこみ方」に従って正確な直線で囲む。）

C2：（直線のつもりがやや曲がったり、かどに丸味がある。）

C3：（クやコを、3本の直線で囲もうとして、他を囲んだ直線とぶつかるのを避けようとして、苦労している。）

C4：（クやコを3本の直線で囲むが、ワークシートの枠からはみ出している。）

第2学年の指導事例 第2部

考 数学的な考え方　評 評価　手 手立て

手 はじめの話やT1は、課題への興味・関心をもつようにするため。

かこみ方

・直線の数をなるべく少なくしてかこむ。
・ほかのまとまりをかこむ直線とぶつかったり、わくから大きくはみ出したりしない。

手 T3は、課題についての理解を確実にするため。

手 T4は、アを例にして「かこみ方」の理解を確実にし、課題の意図に沿った活動をするようにするため。

手 C2に、直線をかく巧みさは求めない。
手 C3・C4には無理なときは3本でなくてよいと伝える。

（3）ワークシートの囲んだ形が「かこみ方」に沿っているかどうかを確かめる

T6：近くの人同士で、「かこみ方」のように囲んでいるかを確かめ合いましょう。直線かどうかは、定規も当ててみましょう。

C：（隣や前後の児童で、ワークシートを見せ合い、定規を当てて確かめあう。）

T7：どうでしたか。

C5：3本か4本の線で囲んでいます。（「同じです。」の声）

C6：オは4本でなく、3本で囲んだ人もいます。

C7：ケのかたまりもそうです。

C8：4本でもいいんですよね。

T8：「なるべく少なく」だから、4本の直線でもよいですよ。

C9：3本で囲んだけど、無理したから少しだけ曲がってしまいました。

C10：途中から急いで、ちょっとかどが離れてしまいました。

C11：全部、直線できちんと囲んですごい上手な人もいました。

T9：直線だけで囲むというのは難しいかなと思ったのですが、よくがんばりました。

　※児童の囲んだ形には、特にオ、カ、ケ、コで、線が曲がったり、かどが丸かったり離れたりするなど、正確さに欠けるものが見られる。（図3）

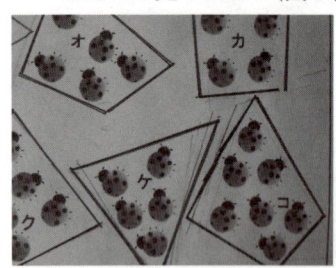

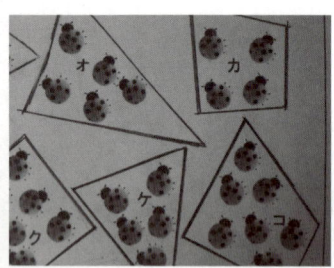

図3（描いた例）

（4）「さんかく」や「しかく」と、その中の「三角形」や「四角形」に当たる形を区別する必要をもつ

T10：では、てんとう虫のかたまりを囲んだ形はどんな形ですか。

C12：「さんかく」か「しかく」です。

C13：少しずつ形とか違うけど、「さんかく」か「しかく」です。

C14：だけど、線が少し曲がっているのや、かどが丸っぽいのはどうなのかなあ。

T11：なるほど。友達のを映してみましょう。
　　（図4のように児童のワークシートを重ねて映して）
　　左と右のオとケを見比べましょう。

評 C12・C13は、これまでの「しかく」や「さんかく」の見方をし、C14は、それに疑問を持ち始めているとみられる。

考 T11は、直線で正確に囲んだものとそうでないものが、同じ「さんかく」のままでよいか、という気持ちをもたせようとするため。

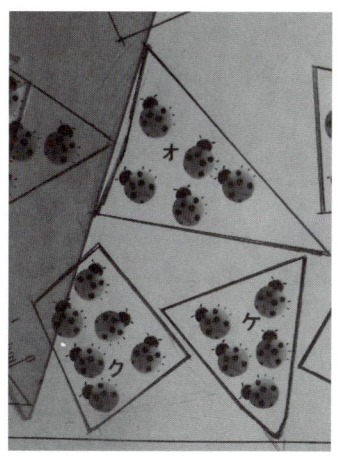

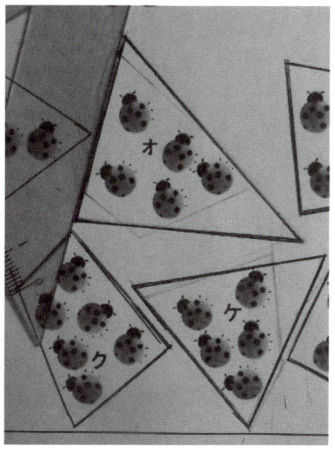

（図4）

C15：左のは、少し線が曲がったり、かどが丸かったりしているので、どっちも「さんかく」だと変です。
C16：そう思います。
T12：直線できちんと囲んだものとそうでないものを、区別する方がよいということですね。
C17：はい。きちんと直線で囲んだのは「さんかく」でなく、別の名前がいいと思います。
C18：直線でちゃんと囲んでいるのは「直線さんかく」ってしたらどうかな。

(5) 三角形、四角形の意味（定義）を知る
T13：きちんと直線で囲んだ「さんかく」を、そうでない「さんかく」と区別して、名前を付けようというのは、とてもよい考えです。「直線さんかく」もいいけれど、算数では、3本の直線で囲まれた形を「三角形」と言います。（「三角形」と板書）
※次いで、きちんと直線4本で囲んだ「しかく」について、三角形の場合から名称を類推させ、これを「四角形」と教える。

評 C15・C16 は、どちらも「さんかく」でなく区別の必要をもち、C17 や C18 は、さらに名前を付ける必要をもったとみられる。（集合の考え）

考 T13 は、「三角形や四角形に当たる形」を区別し、これに命名しようとする考えの大切さを強調するもの。（集合の考え）

まとめ

3本の直線でかこまれた形…三角形
4本の直線でかこまれた形…四角形
だいじな考え方
「さんかく」や「しかく」を、「へり」や「かど」をよく見て、直線できちんとかこまれた形とそうでない形を、くべつし、名前をつけようとした。【単位の考え、集合の考え】

第2章 第2学年の基礎学力および高次の学力を育てる指導事例

第10節 箱の形づくり

1 本事例の強調点

　立体図形については、第1学年で、身の回りにあるいろいろな形をしたものを、「形」に着目して、「同じ形」のものとして分けたり、いろいろな形を使って、建物や車などを作る活動を通して、「ころがるもの」「ころがらないもの」などの機能的な特徴をとらえて分類したりしてきた。また、「同じ形」のものを学級の中で共通に理解するために「箱の形」「ボールの形」などと名前を付けたり、「箱の形」の面を写し取って、立体を基にして平面図形に着目することを行ってきた。
　本事例では、ひごと頂点になる玉を選び、「箱の形」を作る活動を通して、ひごと玉の総数や位置関係の特徴に気づかせ**立体の基礎的な経験**を豊かにする。実際に、ひごと玉を用いて直方体や立方体を作ることにより、**辺や頂点の個数や辺の長さの関係をとらえること**ができると考えたからである。

2 本時の目標

　頂点の数や辺の長さや本数を考えながら、直方体を作ることができる。

3 準備

- 玉10個（発泡スチロールや粘土など）
- 5cm、9cm、12cmのひご（竹製でもプラスチック製でもよい）をそれぞれ10本を袋に入れて児童数分
- 発表用（玉24個　長さを児童用の倍以上にしたひご各12本ずつ）
- 前時に厚紙で作った箱　・ノート

4 指導計画（6時間）

第1時　箱の形の面を写し取る活動を通して、箱を構成する面の形や面の数を理解する。
第2時　箱の形を構成する6つの面のつながり方が分かる。
第3時　面と面とのつながり方を考えながら、箱を作ることができる。
第4時　ひごと玉を使って箱の形を作り、頂点の数や辺の長さの関係を考える。（本時）
第5時　さいころを作ろう
第6時　まとめと練習

5　展開

（1）問題把握と、構成要素の見通しを立てる

T1：前の時間は、どのような学習をしましたか。
C1：箱の形を作りました。
T2：この袋の中に、玉とひごが入っています。これを使って、箱の形ができるでしょうか。
C2：できます。
T3：ひごと玉はたくさん袋の中に入っています。必要な分を机の上に出しましょう。
C3：何個使えばできるかな。
T4：玉とひごは、いくつ袋から出しましたか。
C4：玉8個とひごは短いのを4本、中ぐらいのを4本、長いのを4本出しました。
T5：どうしてその数だけ使えば、作ることができると考えたのですか。
C5：面と面がつながっているところに、ひごを付ければよいと思ったからです。
T6：8個の玉と3種類のひごをどのように組み合わせると、箱の形ができるでしょうか。考えてやってみましょう。

（2）自力解決し、その後発表・検討

T7：どのように作ったのかを発表してもらいましょう。
C6：（発表用の玉とひごを使って、作りながら、説明）
　1個の玉に長いひごをさしてその先に玉をつけて、中くらいの長さのひごをさして、その先に玉を付けて長いひごをさして玉をつけて、中ぐらいのひごを付けると長方形みたいになります。それを同じようにしてもう一つ作って、その2つの4つの玉を短いひごでつないで作りました。

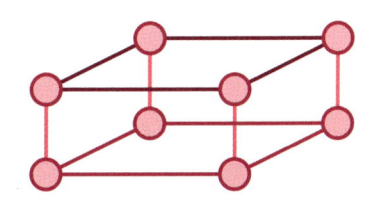

C7：C6さんの考えと長方形を作るところまでは同じです。その次に4つの玉の上に柱みたいに短いひごを4本立てて、その上に玉を4つ付けて、下の長方形と同じようにひごを玉にさしていきました。

考 T3は、児童が自分で必要な数を考えられるようにするための発問である。

手 分からない児童には、前時に作った箱を見てもよいことを伝える。

評 C6は、自分の作り方を、順序立てて説明している。

評 C7は、辺や頂点の数や辺と頂点の位置関係が分かっている。

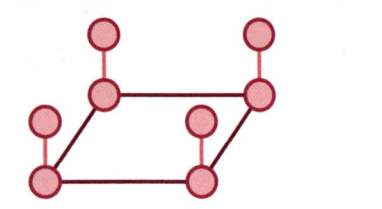

T8：他の作り方はありませんか。
C8：1つの玉に長いひごと中ぐらいのひごを付けたものを4つ作って、2つ組み合わせて長方形を作り、あとの2つも同じようにして長方形にして、短いひご4本で2つの長方形をつなげばできます。

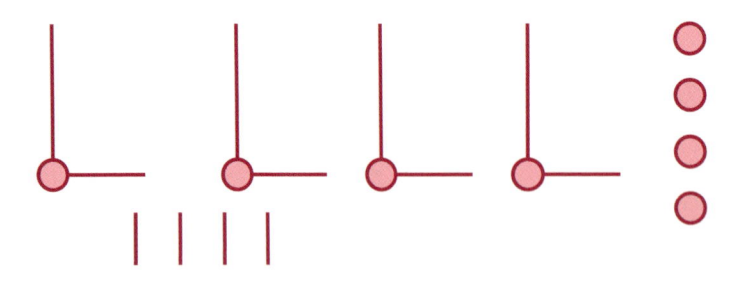

T9：どうしてこう考えたのですか。
C8：1つの玉に2つのひごが付いているように見えたからです。
C9：それなら、1つの玉に3つの長さの違うひごが付いているようにも見えるんじゃない。
T10：C9さんのように、「こういうことも考えられるよ」というように考えることはすばらしいですね。
C10：わたしは、そのやり方で作りました。長さの違う3つのひごを玉につけて、それを4つ作って組み合わせました。

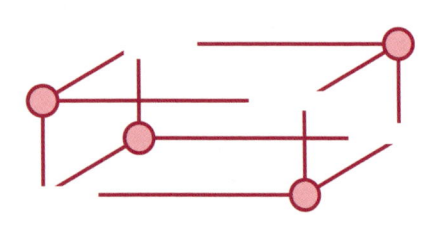

T11：C10さんは、1個の玉に長さの違う3つのひごを付けたけれど、どうしてそうしようと思ったのですか。
C10：箱のかどに玉をつけるのだなと思って見たら面と面がつながっているところが3つ、かどに集まっていたからです。（箱を使って示しながら説明する）

評 C8は、頂点と2辺の関係を使って考えている。

評 C9は、発展的に考えようとしている。

T12：今まで発表された考えの中で、似ている考えは、どの考えとどの考えですか。
C11：C6 さんと C7 さんです。
C12：長方形を 2 つ作ってからつなぐところが似ています。
C13：C8 さんと C10 さんも 1 つの玉にひごを 2 つ付けたり、3 つ付けたりするところが似ていると思う。
（発表用のひごと玉で作って見せる）

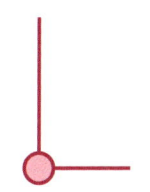

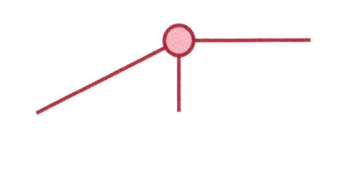

考 T12 は、構成要素の長方形の面に着目していることに気づかせるためのもの。（**単位の考え**）

(3) まとめ
T13：そうですね。今日はひごと玉を使って箱の形を作りましたが、ひごはこの前作った箱のどの部分でしたか。（前に作った箱を見せる）
C14：（箱を指して）この面と面をつなぐところです。
T14：そうですね。その部分のことを「辺」といいます。玉は、箱のどこになりますか。
C15：（箱を指して）このかどのところです。
T15：そうですね。このかどのところを「ちょう点」といいます。今日は、頂点を玉で、辺をひごで作りました。いろいろな作り方がありましたね。
C16：C10 さんのやり方は、難しそうだけれど本当にできるか作ってみたいな。
T16：それでは、発表された作り方の中で、自分がしたのと違うしかたで、もう一度作ってみましょう。

評 様々なしかたを実際に行うことによって、確かめようとしている。

まとめ

1 前に学習した面と面をつないで作った「箱の形」から類推して、ひごと玉で「箱の形」を作った。【**類推的な考え方**】

2 ひごと玉で「箱の形」を作った作り方を、順序立てて説明した。【**筋道立てて考える態度**】

第2部 第2学年の指導事例

第2章 第2学年の基礎学力および高次の学力を育てる指導事例　C 図形

第11節 三角形づくり

1 本事例の強調点

　本単元では、直線で囲む活動や構成活動を通して、これまで「さんかく」「しかく」と言い表してきた中で基本的な形を、新たに「三角形」「四角形」と定義し、辺、頂点などの構成要素を知り、基本的な図形としての意味の理解を図る。また、三角形、四角形の特別な形として「直角三角形」や「長方形、正方形」を知り、意味の理解を図る。

　特に図形の学習は、構成活動や作図を取り入れて、図形の特徴を実感的にとらえさせることが大切であるので、これらの活動を通して基本図形「三角形」「四角形」の理解（**概念の内包**）を深めていきたい。

　本事例は、4種類の長さのひごによる三角形を構成する活動を通して、自ずと構成要素の辺の長さの関係に着目する（**単位の考え**）ようにする。そうすると、三角形は、3本の直線で囲まれた形であるが、その3本の直線（辺）の長さによって、3本とも等しい、2本だけ等しい、3本とも違う の3種類になることが分かる。さらに、三角形ができない場合があることに気づかせ、三角形になるのは、3本の辺の長さが「一番長い辺の長さ＜他の2本の長さの和」の場合であることを見いだす（**帰納的な考え方**）ようにする。

2 本時の目標

・ひごを使って「三角形」をつくる活動を通して、最大辺≧他の2辺の和の場合、三角形ができないことに気づき、3辺の長さには、最大辺＜他の2辺の和の関係があることを見いだす。

3 準備

・3種類の長さのひごまたはストロー（5cm、6cm、7cm、11cm）※
　※6cmは1人に1本、他は1人に3本ずつ
・ものさし　・セロハンテープ

4 指導計画（9時間）

第1時	三角形、四角形の意味（「さんかく」や「しかく」から三角形や四角形へ）
第2時	辺、頂点の意味、三角形の辺の長さの関係（最大辺＜他の2辺の和）（本時）
第3〜6時	直角、正方形・長方形の意味、辺の長さの関係、弁別、かくこと・構成
第7時	直角三角形の意味、弁別、かくこと
第8時	正方形、長方形、直角三角形のそれぞれの敷き詰め
第9時	まとめと練習

第 2 学年の指導事例　第 2 部

5　展開

考 数学的な考え方　評 評価　手 手立て

(1) 定義に基づく三角形の作図をし、「辺」と「頂点」の意味を理解する

T1：はじめに前の時間に勉強した三角形や四角形をもう少しくわしく勉強しましょう。「三角形」や「四角形」はどんな約束の形でしたか？

C1：「三角形」は 3 本の直線で囲まれた形です。

C2：「四角形」は 4 本の直線で囲まれた形です。

C3：「かど」がまるくなっているものは、「三角形」「四角形」と言いません。

T2：では、直線で囲んで「三角形」「四角形」をかくことができますか？

C：（各自で「三角形」「四角形」を作図する。）

T3：直線で囲んで上手にかけましたね。

大きさや形は違ってもいいんだね。実は、三角形のここのところ（辺を指して）とここのところ（頂点をさして）には、算数で使う名前があります。（三角形の場合で、辺、頂点の用語を教え、作図した図にかかせる。四角形の場合は類推させる。）

〈やくそく〉
かこんだ直線・・・辺
かこんだ直線がまじわっている点・・・ちょう点

(2) ひごで三角形をつくる

T4：今日はこれから、今覚えた「辺」のことを三角形で勉強しましょう。

みんながかいた三角形で分かるけれど、辺の長さがいろいろな場合があります。そこで、これから辺の代わりにひごを使い、長さを考えて、いろいろな三角形をつくりましょう。（ひごは 1 種類ごとに 3 本づつ与え、作った形は紙の上にセロテープで貼り付けさせる。（ひごの長さが 5 ㎝、7 ㎝、11 ㎝ であることを知らせる。）

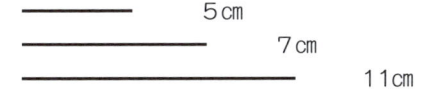

　　　　　　　　　5 ㎝
　　　　　　　　　　7 ㎝
　　　　　　　　　　　　11 ㎝

C4：できる。できる。3 本の辺をくっつければできます。

C5：同じ長さの辺を使ってもいいですか？

T5：いいです。形ができたら、前にもってきてください。
（台紙にセロハンテープではった三角形を黒板に掲示する）

手 定義を確認し、各自で直線で囲まれた形（三角形・四角形）を作成することで、直線や交点について意識させる。

135

(3) できた三角形の形や作って気づいたことを話し合う

C6：かんたん。5cmを3本使えば一番小さい三角形になります。

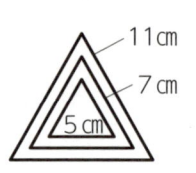

C7：一番大きな三角形は11cmを3本使うとできます。

C8：同じ形で、大きさがちがうから親子みたい。

T6：他の三角形を作った人いますか？

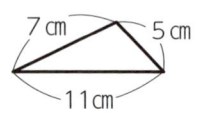

C9：私は、3種類使ってつくりました。

C10：2本同じの三角形もできました。

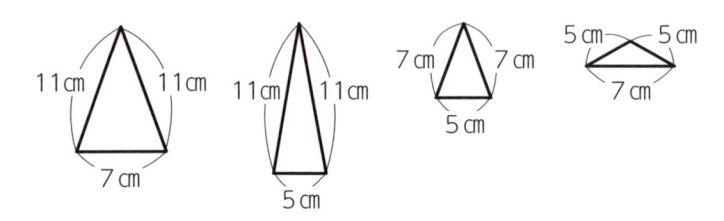

評 C6・C7・C10 は辺の相等に着目しているとみられる（単位の考え）。

T7：3種類の辺を使った三角形は1つしかできないみたいだけど、2本同じの三角形はいろいろな形の三角形ができたみたいですね。（種類ごとに分けて黒板にはる）

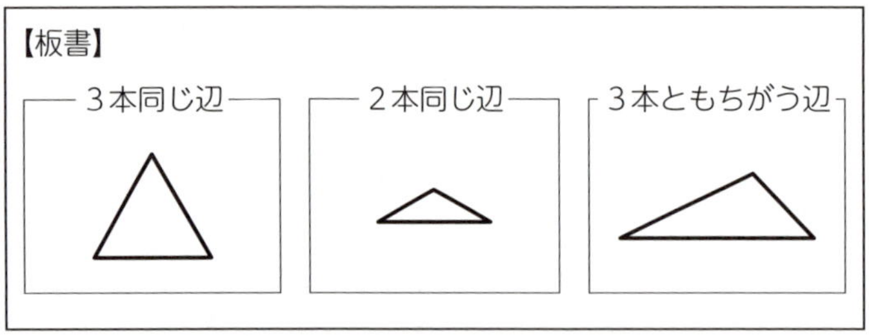

【板書】
- 3本同じ辺
- 2本同じ辺
- 3本ともちがう辺

C11：2本が同じの三角形を作ったけど、できない三角形がりました。

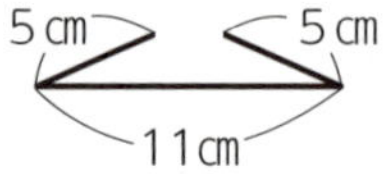

C：あった。あった。

T8：3本の辺があるのに、三角形ができないなんてことがありますか？

C12：三角形を作ろうとしたけど、辺が短くて届かないものがありました。

T9：どの長さを使ったのですか？

C13：11cmと5cmと5cmです。

T10：確かに5cmと5cmのがとどきませんね。では、5cmの1本を6cmにしたらどうかな？

C14：とどくと思います。

C15：くっつくけど、三角形になるかなあ。

※6cmのひごを配り、三角形ができないことを確かめさせる。

評 C11・C12 は、辺の長短の関係に着目しているとみられる（単位の考え）。

T11：そうすると、一番長い辺の長さと他の２つの辺を足した長さのどちらが長ければ三角形はできるのですか。
（次のように板書し）□に入れる記号を考えましょう。

| 一番長い辺の長さ | □ | ほかの２つの辺をたした長さ |

C16：「＜」が入ると思います。
※全体に確認し、（一番長い辺の長さ）＜（ほかの２つの辺をたした長さ）と板書を完成する。

（4）学習のまとめをする

T12：ひごで三角形を作る学習で、よかったこと、分かったことをまとめましょう。
C17：３つの辺の長さの組み合わせをいろいろ変えて考えたのがよかった。
C18：同じ長さの辺があるかどうかということで形が３種類に分けられた。
C19：三角形になるには、一番長い辺の長さが、他の２つの辺を足した長さより短くないといけないことが分かりました。

まとめ

❶ 辺の長さで形が３しゅるいできた。【単位の考え】
❷ 三角形は「辺」の長さの組み合わせで、形がかわる。【単位の考え】
❸ 三角形の辺には、「一番長い辺の長さ＜他の２つの辺をたした長さ」のきまりがある。【単位の考え】

6　発展的考察

　四角形の場合も、辺の長さの関係として、「最大辺＜他の３辺の和」だろうと類推し、確かめることが考えられる。また、３年生の、コンパスで二等辺三角形を作図するとき、第３の頂点が決まるのは、本時でとらえた三角形の３辺の長さの関係にあるときだということに着目させたい（図１）。また、コンパスを使わないで作図する場合において、底辺の中点を通る垂線上の点から底辺の両端に向かって直線で結ぶ作図の方法がある（図２）。これについても、一番短い二辺を考えてみれば（下図右）、やはり本時の内容と考え方が生かされ、「辺の１本の長さ＜２本の長さの和」が条件になることを確認することができる。

（図１） 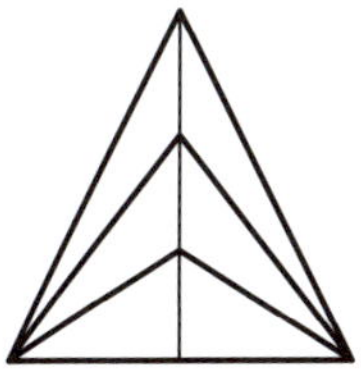　　　　　　（図２）

第2部 第2学年の指導事例

第2章 第2学年の基礎学力および高次の学力を育てる指導事例　CJ 図形

第12節　正方形や長方形の $\frac{1}{2}$

1　本事例の強調点

　第2学年の長方形や正方形の指導で、その中心を通る直線によって $\frac{1}{2}$ に分けられるという特徴についてはあまり目を向けられていないと思われる。しかし、そこに注目すると、数学的な考え方を育てるよい場としたり、長方形や正方形の多面的な見方を育てたり、対称の素地的な学習などが可能になる。本事例は、特に数学的な考え方を育てるよい場として指導を試みたものである。

　本事例では、まず、各自が正方形の紙を $\frac{1}{2}$ になるように折って広げてみて、場合によってはその折り目で切ってみて、分ける直線をいろいろ考えさせるようにした。そして、各自が自分のいくつかの直線を見直し、その直線の共通点に気づかせるようにし、それが、きまりとして、いつでもいえるかどうかを、多数の例によって確かめていく（**帰納的な考え方**）ということを経験させようと考えた。ここで、多数の例で確かめようという考え方（**帰納的な考え方**）は、必ずしも児童から出るとは思えないので、児童から引き出すように、発問を工夫するようにした。

　この後、長方形について $\frac{1}{2}$ に分ける直線を見つけるときには、長方形が正方形と似ていることから同じように考えられそうだ（**類推的な考え方**）という経験をさせる。その際も、**類推的な考え方**を引き出す発問を工夫するようにした。

　なお、正方形や長方形を $\frac{1}{2}$ に分ける活動に自然に入るようにする工夫として、プラスチックごみの正方形や長方形状のものを示し、半分に切ってかさを減らしたいという場面から始めるようにした。

2　本時の目標

・正方形を $\frac{1}{2}$ に分ける直線は、どんな直線かを帰納的に考えて見つける。
・正方形の場合をもとに、長方形を $\frac{1}{2}$ に分ける直線を類推的に見つける。

3　準備

・正方形をしたスーパーのトレイ　・折り紙と長方形の紙（各自10枚くらいずつ）

4　指導計画（9時間）

　第1・2時　　三角形、四角形の意味・性質を理解する。
　第3時　　　図形の弁別を行い、三角形・四角形についての理解を深める。
　第4時　　　直角の意味を知る。
　第5・6時　　長方形・正方形の意味・性質を理解する。
　第7時　　　直角三角形の意味・性質を理解し、方眼紙を利用した作図をする。
　第8時　　　正方形・長方形を $\frac{1}{2}$ にする直線を見つける。（本時）
　第9時　　　まとめと練習

5 展開

考 数学的な考え方　**評** 評価　**手** 手立て

（1）プラスチックトレーを半分に重ねる方法を考え、課題を捉える

T1：お店で使っている正方形の形をしたプラスチックのトレーがあります。このプラスチックのトレーを切って重ねると小さくまとめることができますね。正方形のトレーを2つに同じ形になるように切るにはどのように切ればいいでしょう。

C1：（色々な切り方を発表する。）

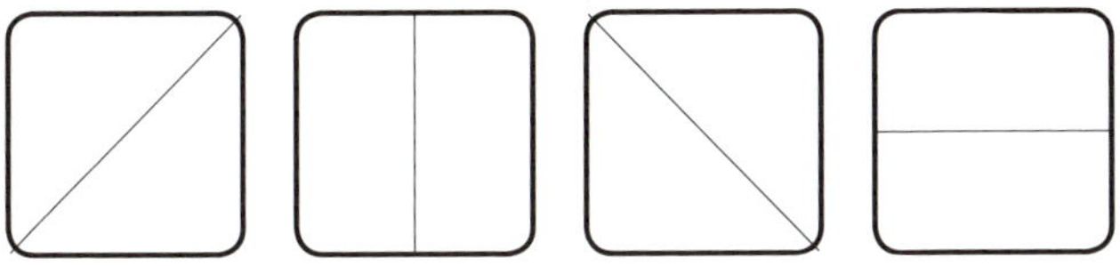

手 実物の他に、IT 機器を使って写真でも示す。

（2）紙で正方形に切る切り方を考える

T2：いろいろな切り方で2つに切ることができそうですね。今度は、今の切り方で折り紙がぴったり同じ形になるか、折って調べてみましょう。

C：（各自、折り紙で$\frac{1}{2}$の大きさになるように折る）

T3：発表してください。

C2：（トレーの場合と同じ切り方で重なることを発表する）

T4：このように同じ大きさにぴったり重なるように分けた1つ分を何と言えばいいでしょう。

C3：$\frac{1}{2}$です。

T5：そうですね。同じ大きさに2つに分けた1つ分のことを、もとの大きさの$\frac{1}{2}$と言いますね。今の折り方で折ると、$\frac{1}{2}$に分ける直線は何本かき入れることができますか。

C4：4本です。

T6：正方形の折り紙には$\frac{1}{2}$に分ける直線を4本かき入れることができました。$\frac{1}{2}$に折る直線は他にはないのでしょうか。

（3）$\frac{1}{2}$になる他の直線を考える

T7：しばらく折り紙を使って、$\frac{1}{2}$に分ける直線が他にないか考えてみましょう。

C：（折り紙をいろいろに折るができない）

（4）$\frac{1}{2}$に分ける直線の共通点を見つける

T8：他の直線が見つかりませんね。先程発表された直線を見ましょう。直線を見て、何か気がつくことはありませんか。

C5：どの折り方も折り目の直線が紙の真ん中を通っています。
T9：なるほど。正方形の真ん中を通っています。正方形の真ん中を通る直線は他にもありますね。真ん中を通る直線で折るといつでも$\frac{1}{2}$に分けることができるのでしょうか。
C6：やってみないと分からないけど、やって調べてみたいです。
T10：調べてみましょう。先程の$\frac{1}{2}$に折る折り方で直線が2本重なるところが正方形の中心になります。そこを通る直線で正方形を分けるとどうなるでしょう。
C：（各自、調べる。）
T11：どうでしたか。$\frac{1}{2}$になったものを発表してもらいましょう。
C7：（折れたものを発表する。）

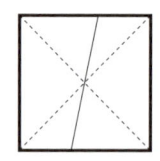

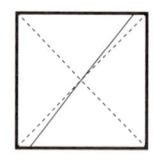

など発表。

T12：$\frac{1}{2}$になる折り方がいろいろ発表されました。発表されたものを見てどんなことが分かりますか。
C8：$\frac{1}{2}$になる折り方は、どれも正方形の真ん中を通っています。

（5）長方形について調べる

T13：長方形の場合はどうでしょう。
C9：長方形も正方形と同じように折れそうです。
T14：なぜそう思いましたか。
C10：長方形は正方形と似ているからです。
C11：正方形のように、頂点を結んで$\frac{1}{2}$にしたり、縦や横の直線で$\frac{1}{2}$に分けたりすることができます。

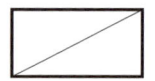

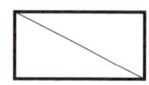

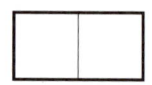

C12：$\frac{1}{2}$に分ける頂点を結んだ直線や縦や横の直線も長方形の中心を通ります。
T15：では、まずこの4つの場合の折り方で本当に$\frac{1}{2}$の大きさになっているか確かめてみましょう。
C13：$\frac{1}{2}$になっています。（折ったら切ったり重ねたりしてみる）
T16：次に、正方形の時と同じように中心を通る直線で折ると

手 C5に気付かない場合は、1枚の紙にこの4つの折り目をつけさせてみる。

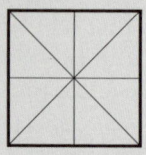

考 T9は、帰納的な考え方を促すものである。

評 C6は帰納な考え方とみられる。

考 T14は、類推的な考え方を促すものである。

評 C10・C11は、類推的な考え方を出していると見られる。

$\frac{1}{2}$ になるか調べてみましょう。今折った長方形を $\frac{1}{2}$ にする直線が交わる点が中心になるのは、正方形の場合と同じです。

C：（各自取り組む）

T17：調べてみてどうでしたか。$\frac{1}{2}$ になる折り方ができたら発表してください。

C：（$\frac{1}{2}$ になった折り方を発表する）

T18：発表された折り方を見ると、どんなことが分かりますか。

C14：長方形の場合も、中心を通る直線で折ると $\frac{1}{2}$ の大きさになっています。

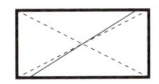

など発表。

(6) まとめをする

T19：今日の勉強では、どのように考えたことがよかったと思いますか。

C15：正方形のときの折り方からきまりを見つけ、そのきまりの通りになるかを調べてみました。

C16：長方形の場合に、正方形と似ていたので、同じように考えたら折る線を見つけることができました。

まとめ

1 見つけたきまりになるかどうかを、たくさんの場合を調べてみようとする。【帰納的な考え方】
2 長方形は正方形と似ているので、正方形のと同じように考えようとする【類推的な考え方】

6 発展的考察

本事例の問題のように図形の中心を通る直線で $\frac{1}{2}$ に分けられる図形は、点対称な図形である。また $\frac{1}{2}$ に分ける線も直線でなくても中心を通る点対称な曲線でもよい。従って、3年生以上で新しい図形を学習した際に、$\frac{1}{2}$ に分けることができるかを調べたり、直線以外の線で分けることできるかを考え、一般化する学習をおこなうことができる。

また、図のような大きさの異なる長方形を組み合わせた図形の場合、どのような直線で面積を $\frac{1}{2}$ することができるのかということや、その理由を長方形の面積を $\frac{1}{2}$ に分ける直線の性質から演繹的に考え、説明するような学習を高学年で行うことができる。

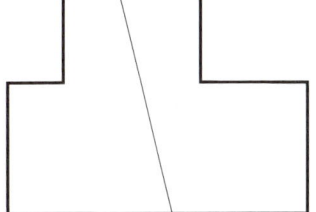

第2部 第2学年の指導事例

第2章 第2学年の基礎学力および高次の学力を育てる指導事例 D 数量関係

第13節 どんな式になるかな？

1　本事例の強調点

　たし算やひき算の意味について、第1学年で、その使われる場面をいくつか学習した。第2学年では、それらの計算の意味を広げ、次のような「逆思考」の場合を扱う。
・問題の場面の表現はたし算であるが、計算はひき算を用いることになる場合
・問題の場面の表現はひき算であるが、計算はたし算を用いることになる場合
・問題の場面がひき算で、ひく数が未知のとき、それを求めるのにひき算を用いる場合

　たし算やひき算の意味の指導では、「あわせて」や「ぜんぶで」ならたし算、「のこりは」や「ちがいは」ならひき算というようなキーワードだけに頼るのではなく、おはじきなどの操作によって判断することが大切である。第1学年で学習した操作による演算の意味理解に基づき、第2学年では、テープ図などで問題場面の数量関係を表し、それにより何算を用いるのかの判断をしていく。

　本事例では、「問題の場面がひき算で、ひく数が未知のとき、それを求めるのにひき算を用いる場合」について、場面の数量関係をテープ図に表して、たすのか、ひくのかをはっきりさせたいという目的意識をもつところから導入する。そして、数量の関係について、逆思考の他の場合から類推して考えたり、違いを確かめたりして、テープ図で全体と2つの部分の3量の関係を適切に表し（**図形化の考え方**）、それを基に立式する（**演繹的な考え方・式についての考え**）。その後、学習活動を振り返り、テープ図から加減の相互関係を明らかにし（**一般化の考え方**）、これを基に様々なたし算やひき算の場面について、何算で解けばよいかが判断できる（**演繹的な考え方**）ようにしていく。

2　本時の目標

　問題の場面がひき算で、ひく数が未知の場合について、テープ図に表し、その数量関係を式に表してテープ図の構造を捉える。また、いくつかの問題をテープ図に表して解決し、テープ図の全体と2つの部分の3つの関係と、演算・立式の対応を理解する。

3　準備

　・教科書　・ノート（前時の学習内容の記述があるもの）　・長さの違うテープ3本ずつ

4　指導計画（10時間）

　第1時　　たし算・ひき算の場面をテープ図に表し、図から未知の数を求める式を作る。
　第2・3時　たし算の場面について、テープ図から立式し、問題を解決する。
　第4〜6時　ひき算の場面について、テープ図から立式し、問題を解決する。
　第7〜9時　逆思考の場面について、テープ図から演算判断し、問題を解決する。（本時第9時）
　第10時　　テープ図で数の関係をとらえ、図から問題を作る。

5 展開

（1）課題を把握し、問題場面をテープで表す

T1：いろいろな問題をテープ図に表して、たし算か、ひき算かを考えてきましたね。今日は、バスの問題です。たし算か、ひき算か、どちらでしょうか。（問題を提示）

> バスに21人のっていて、バスていで、何人かおりたので、のこりは12人になりました。何人おりたのでしょうか。

C1：降りて、残りだから、ひき算だと思います。

C2：問題がひき算でも、答えを求めるときは、たし算になることもあったので、問題をテープ図に表して考えるとよいです。

T2：問題をテープ図に表してみましょう。テープ図を作るために、どのようなテープが必要ですか。

C3：始めに乗っていた21人のテープが必要です。

C4：残りの12人のテープも必要です。

C5：降りた人は何人か分からないので、テープを大体の長さに切って使いたいです。

T3：（図1を示して）始めに乗っていた21人のテープと、残りの12人のテープを配ります。もう1本、降りた人のテープは、降りた人が何人か分からないので、自分で長さを決めてテープを切ってください。テープを使って、問題をテープ図に表しましょう。

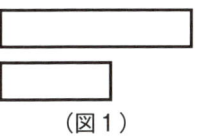

（図1）

C6：（図2のように、テープ図を作って）まず、21とかいたテープの長さが、乗っていた人数を表します。
次に、12とかいたこのテープの長さが、残った人数を表します。12が残りだから、空いているところの長さが、降りた何人かを表すテープです。

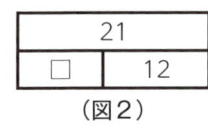

（図2）

C7：（図3のように、テープ図を作って）乗っていた人数を表すテープを置くところは同じです。問題では、残りは12人になったことが分かっているので、乗っていた人数のテープの下に、先に残った人数を表すテープを置きます。それで足りないところが、降りた何人かのテープになります。

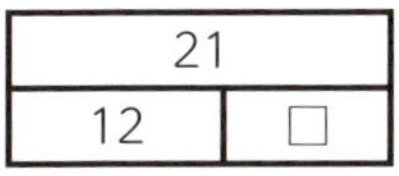

（図3）

（2）テープ図の表す数量関係を捉える

T4：（図2と図3を示して）2つのテープ図を見て、気付いたことがありますか。

C8：上に乗っていた人数を表すテープを置いているところが

手 T1は、**問題を明確にとらえさせる**ための発問。

評 C2は問題場面を図に表して正しくとらえようとしている。（**図形化の考え方**）

手 C3・C4の発言により、テープ図の基になるパーツを配付する。（図1）

考 T3は、問題の構造への着目を促す発問

手 前時までの経験から、ほとんどの児童が**C6**と**C7**のような図をつくるが、自分で長さを決めてテープを切ることは、本時に初めて行うため、作業の様子を見て個別に支援する。

考 T4は、図から数量関係をよむことを促す発問。

第2部　第2学年の指導事例

同じです。
C9：図2では、降りた何人かのテープ、残った人数のテープの順に並べていますが、図3では、残った人数のテープ、降りた何人かのテープの順になっています。
C10：どちらも、残った人数のテープと、降りた何人かのテープをつなぐと、乗っていた人数を表すテープと同じ長さになります。

（3）テープ図の数量関係を式に表し、テープ図の構造を捉える
T5：そのことを、式で表すことはできますか。
C11：残った人数＋降りた何人か＝乗っていた人数です。
T6：数の式にするとどうなるでしょうか。
C12：12＋□＝21です。
C13：ひき算の問題だと思ったけれど、テープ図は、たし算のしくみになっていました。
T7：（図2と図3を示して）12＋□＝21というのは、どちらのテープ図の式ですか。

21	
12	□

（図3）

C14：（図3を示して）このテープ図です。乗っていた人数を表すテープの下が、12＋□になっています。
T8：（図2を示して）このテープ図はどうですか。問題に合っていますか。

21	
□	12

（図2）

C15：残った人数に降りた何人かをたすと、乗っていた人数に戻ります。だから、図3の方が問題を考える順序に合います。
C16：降りた何人が先になっているのは、問題の文と同じだから、これでもいいと思います。
C17：テープ図から、降りた何人かを求めることができます。
T9：降りた何人かを求める式はどのようになりますか。
C18：テープ図（図3）では、乗っていた人数から、残った人数をひくと、降りた何人かになります。21－12＝9で、降りたのは9人です。

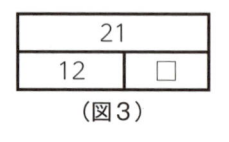

21	
12	□

（図3）

C19：テープ図（図2）でも同じです。
C20：問題がひき算で、答えを求める式もひき算になりました。
C21：テープ図の仕組みが分かってきました。
T10：いろいろな問題で使ってきたテープに、仕組みがありそうですね。どのような仕組みですか。
C22：（図4を示して）問題がたし算やひき算のとき、テープ図は図4のようになります。アが合計や、始めの人数など、

評 C10は、テープ図から数量関係を正しくとらえている。

考 T5・T6は、テープ図の数量関係を、式に表して明確にする発問（式についての考え）

評 C13は、既習と比較して、テープ図の構造を把握する考え。

手 T7・T8は、問題の数量関係について、テープ図と式との対応を確かめる発問。

手 C14・C15により、問題の数量関係を、テープ図の構造によって明らかにしていく。

評 C18・C19は、本時の目的意識に照らして解決を振り返り、意味を明確にしようとする態度。

手 C19を基に、T10で、テープ図の構造に着目させる。

評 C20は、加減の関係をテープ図から一般的に捉えている。

長いテープです。そして、イとウをくっつけると、アの長さになります。

C23：アが□のときは、イ＋ウで求めます。

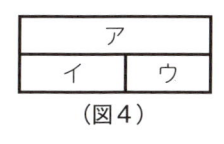

C24：イが□のときは、アーウで求めます。

C25：ウが□のときは、アーイで求めます。

T11：問題がたし算やひき算のとき、テープ図は図4のようになることが分かりましたね。テープ図の仕組みに気がついて、説明したことは素晴らしいです。

ア	
イ	ウ

（図4）

評 C22〜C24は、テープ図から、3つの量のどの1つが未知かによって、既知の2量の演算・立式が決まることを捉えている。

(4) いくつかの問題をテープ図に表して解決し、全体と2つの部分の3つの関係と演算・立式の対応を理解する

T12：テープ図を使って、いくつかの問題を解きましょう。テープ図の3つの部分のどれが□になっているかによって、たし算で求めるのか、ひき算で求めるのか、分かるのですね。確かめながら、やりましょう。（以下略）

まとめ

1 問題をテープ図にあらわし、テープ図から何算になるかを考えた。【類推的な考え方・演繹的な考え方】

2 テープ図を式に表して、そこから答えを求める式を考えた。【式についての考え】

3 テープ図の、全部の長い1つのテープは、それを分ける2つのテープをたせば求められ、分ける2つのテープのどちらかは、全部から分かっているテープを引けば求められる。【一般化の考え方】【加減の相互関係の理解】

手 ＜まとめ＞の3は、図4のテープ図を使いながらまとめる。

6 発展的考察

本事例とは逆に、図4のようなテープ図に適当な数値を入れ、図に合わせて現実的な問題場面を考える。そして、全体と2つの部分の1つを、未知として設定して問題を作ることが考えられる。このような活動を通して、たし算とひき算の用いられる場合が次第に一般化され、たし算とひき算の相互関係の理解も深まっていくと思われる。

第2章 第2学年の基礎学力および高次の学力を育てる指導事例　発展

第14節 九九表のどこに入る？

1 本事例の強調点

　かけ算九九表については、第2学年のかけ算で学んでいる。この九九表を作ったり表を用いていく過程でいろいろなきまりを見いださせている。

　本事例は、更なる発展として、かけ算九九に親しみ、その習熟と共に、かけ算九九表のきまりを**帰納する力**を育てることを意図して設定している。

　それは、「積が空欄の九九表」に、例えば □□□ のような九九表のマスを複数つないだ形のカードに □49□ と数を入れて、正しい位置に置くことを考える学習である。「1ヶ所だけ入れれば位置が決まる数」「1ヶ所では決まらない数」「決まるのは、どんな数の時か」「形はどうか？」「数を入れるマスの位置は？」「2ヶ所できまるものは？」など、帰納的に調べてきまりを見つけていく。

　また、「なぜ、その位置に決まるのか？」を説明したり、「2ヶ所入れても決まらない時はないか？」「それは、どんな時か？」を考えたり、「それは、どうすればよいか？」等をかけ算の特徴を基に演繹的に考える経験もできるようにする。

2 本時の目標

　九九表のしくみを基に「どこにカードを置いていくか？」「空いているマスの数は何か」等を考えたり、「なぜ、そこに決まるのか」等のわけを演繹的に考えたりする中で、かけ算九九表のきまりを帰納的に見つけ、かけ算九九の理解を深める。

3 準備

WEB …WEBサイトからダウンロード可

- かけ算九九表（A）（掲示用）　・積が空欄のかけ算九九表（B）（掲示用）WEB
- ワークシート（九九表A表、九九表B表）（児童用）WEB
- マスを複数つないだい形①②③④のカード（P147 図1）（児童用）（切り抜き用）WEB
- マスを複数つないだい形①②③④のカード（P147 図1）（掲示用）WEB
- 実物投影機
- 指導案 WEB

4 指導計画（2時間）

（かけ算九九の学習が終わっていれば、随時実施可能である）
第1時　色々な形のカードを使って、きまりを見つけたり分けを考えたりする。（本時）
第2時　③④の形のカードを使って、斜めに並んだ形のきまりの分け方を考えたりする。

5 展開

（1）九九表の意味を確認後、問題を提示し問題の理解を図る

T1：これは答えの書いてないかけ算九九表です。（1つのマスを指して）ここの数はいくつでしょう。（全体で答えさせる）3×5の答えはどのマスにあるでしょう。
　　自分のワークシートの九九表のマスを指して下さい。
　　（代表の児童に前に出てマスを指させて発表させる）

C1：かけられる数の3とかける数の5がぶつかるところです。だから3×5＝15です。（同じ考えのハンドサイン多数）

T2：皆さん、よく覚えていましたね。（九九A表で確かめる）
　　今日は、この九九表（B）を使ってもっと考えてみましょう。
　　（掲示用カード①に49と書いて）このカードは、どこに入るでしょうか？自分の①のカード（※）に49と書いてワークシート（B）の上に考えて置いて下さい。
　　また、空いているマスの答えの数も考えましょう。

C2：できました！（多数の児童ができたら、発表させる）
　　7×7が49で、ここに置きます。すると空いている1つ前は、7×6＝42で、1つ後ろが7×8＝56です。

T3：ほんとうかな？それでは、九九表（A）で確かめてみましょう。
　　確かに49はここですね。数を1つ入れただけなのに49は決まりましたね。1つ前は42、1つ後ろは56ですね。
　　それでは、次に違う数で考えてみましょう。カード①をたてにして、16を入れたら、どうでしょう。（すると、すぐに）

C3：先生。それは無理です。16は、3ケ所あります。

C4：ぼくも同じです。8×2と2×8と4×4があります。

T4：とてもよい意見ですね。そんな時はどうすればよいかな。

C5：あと1つ数を入れるとよいと思います。

T5：なるほど、あと1つ、数を入れると決まりますか。
　　たとえば14を入れてみると、この16は？

C6：8×2です。上の14は7×2です。

T6：そうですね。16は、2ヶ所入れると決まる数ですね。
　　さあ！ここからは、皆さんに調べてもらいます。
　　【問題1】 その形が九九表のどこに入るか考えて、いろいろな形の切り抜きカードで□に数を入れて考えよう。

T7：特に次の①、②、③のことを考えて調べてください。
　　①1つ入れれば、位置が決まる数と決まらない数は？
　　②2つ入れると決まる数は？
　　③どんな形で、どのマスに数を入れたら決まるかな？
　　【問題2】 調べてわかったことや気づいたことを書こう。

C7：形や数を入れるマスは自分の好きなものでよいですか？

手 T1は、問題を提示し既習事項を想起させ積のマスに注目させる。

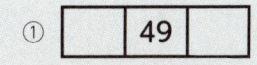

① □ 49 □

※事前に切り抜かせておくカード **WEB** からダウンロード可。

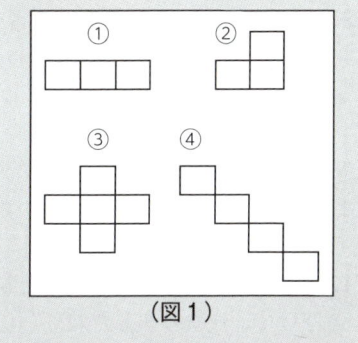

①　　　②
③　　　④

（図1）

手 T4は児童の反応を活かし、問題を明確にする発問である。

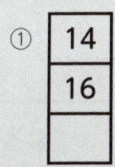

① 14
　 16

手 T7は、ポイントを提示し帰納的に考えさせようとしている。

評 C7・C8は、問題を明確化

第2部　第2学年の指導事例

147

C8：はじのほうはカードがはみ出してもよいのですか？
T8：とてもよい質問ですね。形や入れるマスは自分で好きに選んでください。でも、入れる数はどうですか？
C9：かけ算九九の答えから選びます。（賛成の声）
T9：その通りです。それから、C8さんの質問ですが、なるほど端の方はカードが表からはみ出す時がありますね。これは、よいことにしましょう。では、始めてください。

（2）各自カードに数を入れさせ、問題に取り組ませる
※机間指導（手をつけず困っている児童をサポートする）
　　　　　（早く進んでいる児童には記録をすすめる）
T10：たくさん調べたら、カードを並べて、分かったことや、見つけたきまりを書いておきましょう。
（「きまりを見つけたよ。」という声多数）

（3）調べて気づいたことを発表させ、きまりのまとめをする
T11：皆さん、たくさん調べてわかったことがあるようですね。発表してもらいましょう。
C10：1つだけ入れて決まる数が分かりました。25と81です。
C11：1つだけは、まだあります。64と49です。
C12：みんな九九表に答えが1つだけの数です。
（賛成の声が多数あがる）
T12：みなさん。よく調べましたね。この4つの数は1つ入れるだけで、決まりましたね。（九九表Aで確認する）
　　この時、カードの形や数を書くマスを変えて調べた人はいませんか？　何か分かったことはありませんか？
C13：カードの形や数を書く場所は関係ないと思います。
C14：ぼくも同じです。①②③④のどの形でも決まりました。
C15：元々1つしかない答えだから、どのマスでも同じです。
T13：よく考えましたね。皆さんもその通りでよいですか？
　　では「きまり1」をまとめましょう。

きまり1　1つ入れれば決まる数は25．49．64．81

T14：では、他に気づいたことはありませんか？
C16：私は、さっきやった16と14みたいに2つ入れたら決まる数を②の形で調べました（右図）。15と12です。ほかに40と36…もっと、たくさんあると思います。
C17：ぼくもたくさん調べました。28と30、27と32…
（子ども達が、口々に数を言い始めた数を黒板に書いていく）
T15：よく調べましたね。2つで決まる数は多いですね。これは、どう言えばよいですか？　全部ですか？
C18：それは、ダメです。九九表にない数もあります。例え

しようとしている。
手 T8は、児童の質問を評価し問題を明確にするもの。

手 困っている児童には、まず1つ数を書いてどこに置くかを考えさせる。
考 T10は、帰納的に考えさせようとする発問。

評 C10・11は、きまりを帰納している。

評 C12は、帰納したきまりを演繹的に説明している。

評 C14は、帰納的な考え方を、C15は、演繹的な考え方をしている。

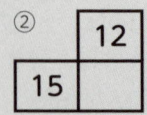

②
	12
15	

評 C16・C17は、帰納的な考え方をしている。
考 T15は、簡潔・明確に表すことを促す発問。
評 C18は、反例をあげて正しくないことを説明。

ば 11 や 17 や 19 や・・・いろいろあります。
C19：ぼくは、九九表にある数で 25 と 49 と 64 と 81 ではない数とすればよいと思います。
T16：なるほど、とても分かりやすく説明してくれましたね。皆さん、C19 さんの言い方についてどう思いましたか？
C20：すごいと思いました。これなら九九表の残りの数を全部書かなくてよいから簡単です。
T17：では、「きまり 2」をまとめましょう。これでいいかな？

> きまり2　2つで決まる数は、九九表の中で、きまり1の数以外のぜんぶの数

T18：他に見つけたきまりは、なかったかな？
C21：形や数を書くマスの場所は関係ないことも決まりです。
T19：なるほど、それもきまりだね。「きまり 3」にしましょう。

> きまり3　カードの形や数を書くマスの場所は関係ない。

（すると、他の児童から疑問の意見が出てきた）
C22：ぼくは、③の形の外側に2つの数を入れたら決まりませんでした。真ん中と2つ入れると決まったけど……。
C23：私も④の形に2つの数を入れても決まりませんでした。同じ数が並んでいるところがあるからです。
T20：すごい！　C22 さんや C23 さんは、今日みんなで見つけたきまりに当てはまらない時があると言っています。
C24：ぼくは、斜めの時に決まらない時があると思いました。
C25：私も同じです。
T21：今日は皆さん、本当によく考えて決まりを見つけましたね。どのように考えたことがよかったのでしょう。

まとめ

1. いくつもの場合をしらべてきまりを見つけた。【帰納的な考え方】
2. 九九表のしくみをもとにわけを考えた。【演繹的な考え方】
3. 見つけたきまりが言えない時があることに気づいた。【演繹的な考え方】

[評] C19 は分かったことを簡潔明確に表現している。

[評] C20 は簡潔・明確な表現のよさを感得している。

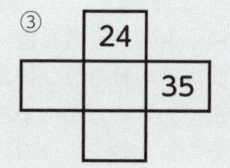

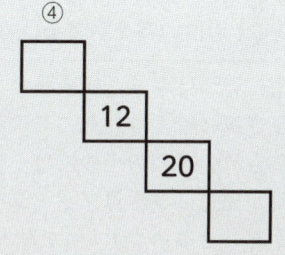

[考] T21 は、C22〜C25 の発言を評価し、**演繹的な考え**を促し、次時への期待を持たせている。

6　発展的考察

　④の形は斜めにいくつ数を入れても決まらないことがわかる。そして、主対角線で折ると重なる所に同じ数が並んでいることが確かめられる。しかしこれは、4年生以上で興味を持って取り組める内容であろう。

第2部　第2学年の指導事例

第2章　第2学年の基礎学力および高次の学力を育てる指導事例　発展

第15節　不思議なひき算

1　本事例の強調点

　本事例は、ひき算を用いたゲーム（下の枠内のようなひき算マジック）をすることを通して、2位数のひき算の筆算の技能を伸ばしたり、いくつかのひき算のデータを集め共通に見られるきまりを見つけようとする考え方（**帰納的な考え方**）を育てたりすることをねらいとしている。ゲーム「ひき算マジック」は、下の枠内のように進める。

> T：① 何十何という数を書いてください。（同じ数字は使わない）
> 　　② 次にその数を並び替えた数を書いてください。
> 　　③ 次に大きい方から小さい方をひいてください。
> 　　④ その答えの一の位の数だけ教えてください。十の位の数を当てます。
> （児童各自は、自分で数を決め、①→③に従って筆算をする。そして、誰か1名が自分の筆算を板書し、児童全員で答えの一の位の数だけを、黒板を背にしている教師に伝える。教師はそれを聞いて十の位の数を当てる。なお、数を当てるのは別の教師がしてもよい。）

○児童に見つけさせたいきまり
　①ひき算の答えは九九の9の段の答えになっていること。
　②ひき算の答えの十の位と一の位の和は9であること。
　教師が児童にひき算マジックをしてみせることで、児童に「なぜ一の位の数だけで十の位の数を当てることができるのか」「何かひみつやきまりがあるはずだ」という見通しをもたせ、きまりを見つけようという目的をもたせる。そして「ひき算マジック」の謎を解明していくという展開にすることで、児童が目的意識をもって意欲的に活動できるようにする。また、見つけたきまりを使う場面を設け、きまりを見つけることのよさを実感できるようにする。ひき算のデータを集め、きまりを見つけていく（**帰納的な考え方**）ことを通して、算数のおもしろさにふれられるようにしたい。
　なお、ひき算をする2桁の数が違っても答えが同じ場合があることに気づくことも考えられる。

2　本時の目標

・きまりがあるとの推測をし、それをいくつものデータで調べて見つけようとする。（**帰納的な考え方**）

3　準備　　　　　　　　　　　　　　　　　　WEB…WEBサイトからダウンロード可

・ノート　・説明用拡大図（P151）　・B4かA4の紙　20枚程度　・マジック　・指導案 WEB

4　指導計画（1時間）

第1時　ひき算マジックのきまりをみつける（本時）

第2学年の指導事例

5 展開

考 数学的な考え方　評 評価　手 手立て

(1) ひき算マジックを見て、課題をもつ

T1：今日は、みなさんにひき算を使ったマジックを見せましょう。やり方を説明します。（下の枠内の説明を貼る）

> ① 先生に分からないように、何十何という数を書いてください。同じ数字は使わないでください。
> ② その数を並び替えた数を書いてください。
> ③ 大きい方から小さい方をひいてください。
> ④ その答えの一の位の数だけ教えてください。先生は十の位の数を当てます。

T1：では、一度やってみましょう。
C：（各自で数を決めて計算する。）
T2：だれか黒板に筆算と答えを書いてくれますか。先生は黒板が見えないように、後ろを向いています。
C1：（黒板に筆算を書き、一の位の5以外の数は全て消す。）

$$\begin{array}{r}72\\-27\\\hline 45\end{array} \longrightarrow \begin{array}{r}\\-\\\hline 5\end{array}$$

T3：（前を向いて、5だけ見て）十の位は4ですね。
C2：どうして分かるかな。
C3：他の数でもできるのですか。
T4：もう1回、やってみましょうか。
　（もう一度マジックをする。）
C4：どうして分かるのかな。
C5：何かきまりがあるのかな。
C6：計算する数は見えないのだから、答えに何かきまりがあるのかな。

(2) ひき算マジックのきまりをさがす

T5：きまりがあると思ったのですね。どうしたらきまりがあるかどうかを調べられそうですか。
C7：今までのひき算の式と答えを見て、同じところがないか探してみるとできる。
C8：他の数でも計算してみれば何か分かるかも知れない。
T6：つまり、いろいろな数の場合を調べる。よい考えですね。では、すでに一人ひとりが勝手に数を決めて2回計算しているから、それで調べてみましょう。2回計算した筆算の1つを紙に大きく書いて、黒板に貼っていきましょう。
　※紙に書く筆算は、隣同士、違う数のものを1つずつ書かせる。また、黒板に貼るとき、先に貼られたものと同じ数の筆算は貼らないようにさせる。

手 隣の児童同士で計算結果をチェックし合うようにさせる。

手 C5、C6の発言を板書し、児童にきまりがありそうだという見通しをもたせる。

考 T5はいろいろな場合を調べる必要（**帰納的な考え方**）をもたせるためである。
評 C7・C8はいろいろな場合を調べて、きまりを見いだそうとしているとみられる。（**帰納的な考え方**）

T7：(貼り終わった後)黒板に貼られた筆算を見て、きまりを探してみましょう。まず、3分間、一人ひとりで考え、気づいたことをメモしましょう。その後、隣同士で伝えあったり、相談したりしましょう。(机間指導)

(3) 見つけたきまりの確認をする

T8：きまりがありそうということで調べてみましたが、何かきまりが見つかりましたか。
C9：答えの十の位と一の位の数をたすと9になります。
T9：確かに、どの数の場合でも言えるかな。黒板の式と答えを見て確認してみましょう。
C10：全部、たすと9になっています。
T10：なるほど。他にきまりを見つけた人はいますか。
C11：九の段の答えになっています。
T11：確認してみましょうか。分かりやすいように、紙を並び替えてくれる人いませんか。(2名指名して、答えが九の段の九九の並びになるように並び替えさせる。)
C12：先生、81がありません。九の段なら81もあると思います。
T12：そうですね。どんな数のときになるでしょう。
C13：90－9で計算すると81になります。
C14：90を並び替えると09。変だよ。
C15：09は9と同じだから、変ではないです。
T13：9の段の答えが全部出ましたね。ひき算の答えが9の段の九九の答えになるのですね。
　※このほかに、2桁の数が違っても答えが同じ場合があることに気づく。これについても確認する。

(4) きまりを使ってひき算マジックをしてみる

T14：はじめにやったマジックで、十の位の数がすぐに分かるわけが分かりましたか。(児童の返事を待って)では、この場合(図1)、十の位の数は分かりますか。

```
  －
  2
```
(図1)

C16：分かった、「7」です。
T15：どうしてですか。
C17：たすと9になるのだから、9－2で7です。
C18：9の段で一の位が2なのは、9×8で72。だから、十の位は7です。
T16：確かめてみましょう(図2)。
　　十の位は7です。みんなもひき算マジックができそうですね。

```
  91
－19
  72
```
(図2)

C19：でも、たすと9になるきまりの方が

手 T7は、一部の児童の発言で授業が進むことを防ぐためである。

評 C9は集めたデータから、きまりを帰納できたとみられる。(C10も同様。)

評 C11も集めたデータから、きまりを帰納できたとみられる。

考 T16は見つけたきまりをもとにわけを説明するようにするためである。(**演繹的な考え方**)

すぐにわかります。

T17：マジックのときはそうですね。さっき先生もそうしました。では、隣の人と、お互いにマジックができるか問題を出し合ってみましょう。

C：（お互いに問題を出し合う）

　※この後、きまりを見つけるのに、どのように考えたことがよかったか、また、感想を聞き、以下のようにまとめる。

まとめ

1. きまりがあると思い、それをいろいろな数でしらべて見つけよう考えた。【帰納的な考え方】
2. きまりをつかってマジックができたのがよかった。

6　発展的考察

　このひき算マジックは、3年生なら、最初の数を3桁にしても行うことができる。マジックの進め方は同様である。十の位の数が9になることはすぐ気付くと思われる。これは、帰納的に考えなくても、十の位の計算は、例えば右のような筆算で、十の位は $10-3+3-1$ とするのだから、十の位の3が他の数になっても $10-1$ は変わらないからと考えることも可能であろう。また、答えの両端の数の和＝9であることにも気づき（本事例が既習なら、被減数と減数の両端が入れ替わっていることに着目して気づくことも考えられる）、帰納することもできよう。また、答えの各位の数字の和＝18も同様である。

$$\begin{array}{r} 632 \\ -236 \\ \hline 396 \end{array}$$

　これらのきまりについて「なぜだろう」と考えるのも自然である。これに答えることは、十の位が9になることを上のように考えていれば、可能になってくると思われる。上の例だと百の位の計算は $6-1-2$、一の位は $10-6+2$。これを加えると、6と2は相殺されて、$-1\ +10$ が残り、9になるということが分かる。ただ、-1 が先にあるのが、小学生には分かりにくいかもしれない。

第2部 第2学年の指導事例

第2章 第2学年の基礎学力および高次の学力を育てる指導事例　発展

第16節 問題とあう式は？

1 本事例の強調点

　2学年では、かけ算九九を完全に身につけさせる。しかしもう一方で、かけ算の演算決定が正しくできることが重要である。乗法が用いられる具体的な場面を通して、乗法の意味を理解する。「毎日4km歩いています。3日間では何キロメートル歩きますか。」という問題の式を4＋4＋4の同数累加で表し、これをもとに4×3の意味を知る。このことから進んで乗法は「1つ分」の大きさが決まっているときに、その「いくつ分」に当たる大きさを求める場合に用いられる演算である。つまり、「全体の大きさは」は「1つ分の数」×「いくつ分」で表わせるということを見つけていくのである。

　しかし、被乗数と乗数の順が逆の問題が提示されると、問題文に出てきた順に数を並べて立式をする児童が多い。

　そこで、本事例では、被乗数と乗数の与えられる順が逆の問題の立式について検討することを通して、演算の意味に基づいた立式（**演繹的な考え方**）や問題場面を正しく式に表し（**式についての考え**）説明をする授業を展開する。

　かけ算の意味や図を根拠にして「1つ分」の数や「いくつ分」の数を説明したり、問題場面が正しく式に表されているかを判断するために式を読んだりする学習を取り入れる。

　2年生の段階から演繹的な考え方や式についての考えを育てていきたい。

2 本時の目標

　被乗数と乗数の与えられる順が逆の問題の立式について、かけ算の意味に基づいて立式することができ、立式のわけを演繹的に説明することができる。

3 準備　　　　　　　　　　　WEB …WEBサイトからダウンロード可

・ブロック　・おはじき等　・指導案 WEB

4 指導計画（11時間）

第1・2時　同数累加の問題をたし算で表し、これを基にかけ算の必要と意味を知る。
第3・4時　九九の必要をもち、かけ算の意味に基づいて九九を作る。（5の段、2の段）
第5時　　　乗法の場面を立式する。九九を作る。（3の段、4の段）
第6時　　　乗法は、1つ分といくつ分から、全体を求める場合とも言えることを知る。
第7時　　　被乗数と乗数の順が逆の問題を立式し演繹的に説明する。（本時）
第8時　　　倍の意味を知り、乗法で求めることができることを理解する。
第9・10時　作問・練習問題
第11時　　　5・2・3・4の段の九九を確実に唱え、適用することができる。

5 展開

考 数学的な考え方　評 評価　手 手立て

T1：今日の問題です。

> おさらが4まいあります。それぞれのおさらに3こずつりんごがのっています。りんごはぜんぶで何こあるでしょう。
>
> 正しいしきはどれでしょう。しきをえらび、そのわけをかきましょう。
> 　　　　　① 4×3　　　② 4+3
> 　　　　　③ 3×4　　　④ 3+4
> ※図をつかってもいいです。

手 T1は、本時の問題がわけを考える学習であることを明確にする。

（1）課題を捉え、根拠をもって式を選択する

T2：式はどうなりましたか。
C1：①　4×3　だと思う。
C2：③　3×4　だと思う。

（2）どの式でよいと考えたかの発表とその検討をする

T3：今日は、なぜその式になるか、わけを考えましょう。
C3：4×3になりました。それは、お皿が4枚、お皿に3個ずつりんごがのっているから、たし算ではないのでかけ算です。図をかくと、お皿を4枚かいて、それぞれに3個ずつりんごがあります。

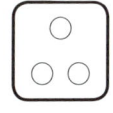

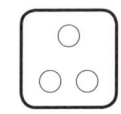

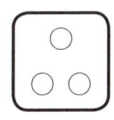

〔図：4つの皿にそれぞれりんご3個〕

　問題文に4（皿）、3（個ずつ）と書いてあるから4×3となります。

T4：今の説明を聞いてどう思いましたか。
C4：今の説明の図は　3＋3＋3＋3＝12なので、たし算でないからかけ算であるというのは、おかしいと思います。
C5：私もC3と同じ図を書いたけれど、4×3ではなく、3×4だと思います。
T5：(C5の理由を聞く前に、) 図は正しいですか。C3もC5も同じ図をかいていますが、この図は問題を正しく表していますか。
C6：はい。お皿が4枚あり、それぞれに3個のりんごがのっているので図は正しいです。

手 4×3と答える児童は多い。答えではなく立式のわけを考えさせる。

考 T3は、本時のねらいを明確にする発問。

評 C3は、問題場面がかけ算らしいと分かるようだが、立式の際に、「×」の前に「1つ分」、後に「いくつ分」を書くことの理解が十分ではない。

手 C3には、図は正しいことを確認し、次に3×4の児童に発表させて、4×3と比べて考えさせる。

手 T5は、C3の図が問題場面を正しく表していることを全体で確認するため。

155

T6：図は正しいですね。それでは、3×4になるわけを説明して下さい。

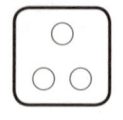

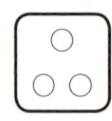

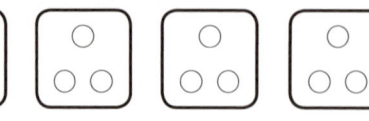

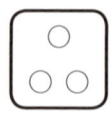

[図：○が3個ずつ入った皿が4つ]

C7：1皿に3個ずつりんごがあり、それが4皿あるから3×4です。
C8：3個のものが4こあるから　3×4　です。
C9：かけ算をするときには、「何個ずつ」のほうがかけ算「×」の前になります。この問題はお皿に「3個ずつ」のっているので　3×4　だと思います。
T7：①4×3と③3×4の両方の説明がでました。どちらの説明が正しいか考えましょう。今までの説明を整理しましょう。
　（ア）4枚のお皿に3個ずつだから　　4×3
　（イ）4枚のお皿に3個ずつだから　　3×4
　（ウ）3個ずつが4個あることだから　3×4　「ずつ」が先。
T8：（ア）と（イ）は理由が同じなのに式が「かける数」と「かけられる数」が逆になっています。C3さんの理由をもう一度、聞いてみましょう。
C10（C3）：問題文には4枚のお皿が先にあり、それぞれに3個ずつりんごがのっているからです。
T9：問題文に「4」が先に出ているからという理由ですね。
　では、3×4の説明はどうですか。
C11：問題文には「4皿」が先に出てるけど、「1皿に3個ずつ」とあるから、3個ずつのかたまりが4個あるという意味なので　3×4です。
C12：5の段の勉強の時、
　　　　　1台の車に5人ずつ、3台で15人を
　　　　　　5　×　3　＝　15
と表しました。だから「1つ分の数」である「5」が先です。
T10：（ウ）は「ずつ」が先と言っていますが、C7、C8と同じ理由ですか。
C13：そうです。「3個ずつ」のかたまりが「4こ分」あるという意味です。
T11：前に勉強したかけ算で分かったことを基にして説明ができました。
　これからは、どうしてかけ算ですかと聞かれたら、「1つ分の大きさ（数）といくつ分（数）が分かっていて、その全体の大きさ（数）を求めるのだからかけ算です。」と説明してもいいのです。

手 T6は図から正しい式を導く学習にするため。

評 C7・C8・C9は、既習事項をもとに自分の言葉で説明している。例えばC9は、「ずつ」をキーワードに、演算決定をしている。

手 T7は、この後、演繹的に考えをはっきりさせるために、出た意見（説明の根拠）の違いを明確に板書する。

評 C11・C12は、C9の説明をかけ算の意味を根拠に演繹的に説明している。

手 T11は、演算決定の演繹的説明の仕方をまとめておく。

(3) 4×3が、問題にあっている式かどうか考える

T12：それでは4×3になるような問題を考えましょう。

C14：りんごが1枚のお皿に4個ずつのっています。お皿3枚ではりんごは全部で何個でしょう。

C15：お皿が3枚あります。それぞれのお皿にりんごが4個ずつのっています。りんごは全部で何個でしょう。

T13：図はどうなりますか。（又はおはじきを並ばせる。）

＜4×3の図＞

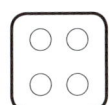

4：1つ分の数
3：いくつ分

T14：そうですね。C3の図と比べて、4×3 と 3×4のちがいを図で確かめましょう。

＜3×4の図＞

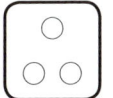

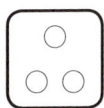

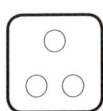

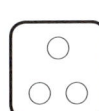

3：1つ分の数
4：いくつ分

手 T12は、4×3の作問をさせる（式の考え）ことで4×3ではないことをよりはっきりさせる。

手 T13は、4×3の図をかかせ3×4の図と比べて正しい式を考えさせる。

まとめ

1. 例えば3＋3＋3＋3のように、同じ数をいくつかたすとき、かけ算だと考えればよい。
2. 「1つ分の数」と「いくつ分の数」から「全部の数」を出すとき、かけ算にする。【演繹的な説明】
3. 「1つ分の数」が「3」であり、「いくつ分の数」が「4」で、「4」が問題文の中で先に出てきても、まどわされないようにする。
4. 4×3となる問題を作ったり、図をかいたりすると3×4と違うことがよく分かる。【理解】

6 発展的考察

　この学習の発展として、条件過多の問題を提示して、演算決定をする学習が考えられる。問題場面を様々に変え、言葉、図、おはじき等を用いて問題を正しくとらえ、かけ算の式の（1つ分の数）×（いくつ分の数）の約束で式を書く学習をする。

　さらに、演算、立式の根拠を演繹的に説明する学習活動を設定する。

（条件過多の問題）の例

　カードを1人に4枚ずつ配ります。3人ずつのグループにして、9人に配ります。
　カードは全部で何枚必要ですか。

WEB 資料 ダウンロード

　本書でご紹介した事例を実際に授業で実践したいと思われた先生に向けて、指導に必要なワークシートや指導案（本書中で WEB マークがある資料）をＷＥＢサイトから無料でダウンロードすることができます。ぜひご活用ください。

　ダウンロードしたフォルダを開く際には、下記のシリアル番号が必要です。なお、フォルダには本書に掲載されている２学年分がすべて収録されています。

URL：http://djn.co.jp/

シリアル番号：110782976

（※イメージ）

WEB 資料一覧

１年生

	指導事例	児童用ワークシート	教師用掲示用資料	教師用指導案
第１章	３つの数のたし算		○	
第１節	くらべよう		○	
第３節	１０より大きい数		○	
第５節	どんな数を使えばよいのかな	○		
第７節	０のたし算		○	
第９節	時計のしくみと時刻		○	
第12節	くふうしておしえよう	○	○	
第14節	たし算カード	○	○	○
第15節	数表の数の並び方	○	○	
第16節	抜けている数を見つける方法	○	○	○

２年生

	指導事例	児童用ワークシート	教師用掲示用資料	教師用指導案
第２節	１００をこえる数	○	○	
第７節	長さの単位	○	○	
第９節	三角形と四角形	○	○	
第14節	九九表のどこに入る？	○	○	○
第15節	不思議なひき算		○	
第16節	問題とあう式は？			○

2016年３月現在（内容が変更になる場合があります）

(敬称略・2016 年 3 月 20 日現在)

総編集

片桐　重男　元横浜国立大学

編集委員

1 年	深見　眞一	秀明大学	
	稲垣　光浩	東京都北区立田端小学校	校長
2 年	向山　宣義	元玉川大学	
	福島　幸子	東京都目黒区立上目黒小学校	校長
3 年	荒木　正志	東京学芸大学・日本女子大学通信教育	
	内藤　和巳	東京都三鷹市立東台小学校	校長
4 年	上野　和彦	東京都練馬区立南が丘小学校	校長
	茂呂　美恵子	東京都大田区立赤松小学校	校長
5 年	山﨑　憲	東京学芸大学	
	髙見　資宏	東京都板橋区立下赤塚小学校	校長
6 年	廣田　敬一	帝京大学	
	松田　直樹	東京都世田谷区立池尻小学校	校長
総務	宮島　賢	東京都荒川区立汐入小学校	主任教諭
	寺内　崇	東京都世田谷区立守山小学校	主任教諭

執筆者（掲載順）

【第 1 部】（1 年）

深見　眞一（秀明大学）《第 1 章》《第 14 節》
小野　加奈子（東京都荒川区立赤土小学校）《第 1 節》
大野　寛子（東京都小平市立小平第九小学校）《第 2 節》
柚木　圭太（東京都国分寺市立第二小学校）《第 3 節・第 9 節》
折田　和宙（東京都大田区立赤松小学校）《第 4 節》
稲垣　光浩（東京都北区立田端小学校）《第 5 節》
大坂　睦（新潟県新潟市立松浜小学校）《第 6 節》
門田　剛和（東京都日野市立東光寺小学校）《第 7 節》
永井　宏（神奈川県川崎市学校支援センター）《第 8 節》
山浦　光沙（東京都杉並区立方南小学校）《第 10 節》
恩田　繁樹（神奈川県川崎市立下平間小学校）《第 11 節》
近藤　牧子（東京都町田市立藤の台小学校）《第 12 節》
初山　和仁（神奈川県横浜市立寺尾小学校）《第 13 節》
古林　香苗（東京都国分寺市教育委員会）《第 15 節》
吾郷　良子（東京都大田区立赤松小学校）《第 16 節》

【第 2 部】（2 年）

向山　宣義（元玉川大学）《第 1 章》《第 9 節》
源　憲一（神奈川県横浜市立鶴ケ峯小学校）《第 1 節》
石本　加菜子（広島県福山市立駅家小学校）《第 2 節》
藤代　千哉（東京都武蔵野市立第四小学校）《第 3 節》
黒岩　朋宏（神奈川県川崎市立南加瀬小学校）《第 4 節》
清野　佳子（新潟県新潟市立上所小学校）《第 5 節》
諸戸　加織（学習院初等科）《第 6 節》
阿比留　志乃（東京都武蔵野市立大野田小学校）《第 7 節》
南條　真由子（愛媛県今治市立常盤小学校）《第 8 節》
福島　幸子（東京都目黒区立上目黒小学校）《第 10 節》
奥村　利香（神奈川県川崎市立東高津小学校）《第 11 節》
渋谷　順三（東京都江東区立浅間堅川小学校）《第 12 節》
林　なおみ（新潟県新潟市立中之口西小学校）《第 13 節》
髙山　保子（元東京都東村山市立化成小学校）《第 14 節》
工藤　慎也（東京都板橋区立新河岸小学校）《第 15 節》
橋本　忠明（東京都小平市立花小金井小学校）《第 16 節》

片桐　重男 かたぎり　しげお

1925年生まれ。東京都立高校教諭、東京教育大学大学院修士課程を経て、東京都立教育研究所指導主事、文部省初等教育教科調査官、横浜国立大学教授、文教大学教授を歴任する。現在は、新算数教育研究会名誉会長、算数数学教育合同研究会名誉会長。また、日韓算数教育合同研究会を30年以上続けている。

主な著書

「これからの算数教育」全5巻（2009）、（第1巻「算数の『学力』とは何か」、第2巻「人間愛に基づく算数指導法」など）、「新版数学的な考え方とその指導」全4巻（2009）、(1. 数学的な考え方の具体化と指導、2. 指導内容の体系化と評価、3. 数学的な考え方の指導・評価の事例集1、4. 数学的な考え方の指導・評価の事例集2)（以上、明治図書）
「算数教育学概論」（2012）、「算数教育学概論指導法・評価・事例編」（2014）
（以上、東洋館出版社）
「算数と数学の一貫した指導が学力を向上させる」（編著）、（2015 学事出版）がある。

算数の指導事例集　①1・2年生
〜基礎学力を確実にし、高次の学力を伸ばす〜

　　　　　　　　　　　　総編集　片桐重男

ISBN 978-4-87384-190-8
2016年3月20日　初版発行
発行者　森　達也
発行所　株式会社　教育同人社　www.djn.co.jp
　　　　〒170-0013　東京都豊島区東池袋4-21-1
　　　　　　　　　　　　アウルタワー2F
　　　　TEL 03-3971-5151
　　　　Email webmaster@djn.co.jp

デザイン・印刷・製本　図書印刷株式会社